Der magische Garten

Ursula Kopp

Der magische Garten

Zauberpflanzen in Legende,
Brauchtum und Praxis

Bassermann

Inhalt

Geschichte der Zauberpflanzen   6

Kleine Kräutergeschichte   8
Hexen, fahrendes Volk
und Kräuterzauber   9

Was sind Zauberpflanzen   12
Amulett und Talisman   12
Beruf- und Beschreikräuter   12
Hexenkräuter   13
Teufelskräuter   13
Liebespflanzen   13
Räucherpflanzen   14
Signaturpflanzen   14
Weihkräuter   14
Die Kräuterernte   15

Zauberpflanzen im Porträt   16

Der eigene Zauberpflanzengarten   84

Den Zauberpflanzengarten anlegen   88
Der beste Platz   88
Auswahl der Pflanzen   87

Den Zauberpflanzengarten gestalten   90
Die Kräuteruhr   90
Formen im Hexengarten   91
Glückbringende Pflanzenkombinationen   92
Kräuter im Ziergarten   93

Formen und Einfassungen — 94
Der historische Kräutergarten — 94
Der gepflasterte Kräutergarten — 95
Der formale Kräutergarten — 95
Das Wegekreuz — 96
Die Kräuterspirale — 96
Ein Würzkräutergarten — 98
Ein Duftgarten — 99

Den Zaubergarten pflegen — 100
Der richtige Boden — 100
Wässern — 100
Düngen — 102
Schützen — 102
Kräuter vermehren — 103
Kräuter überwintern — 103

Ernte im Zauberpflanzengarten — 104
Erntezeitpunkt — 104
Zauberkräuter trocknen — 106
Zauberkräuter aufbewahren — 107

Zauberkräuter in Kübeln — 108
Pflanzen und pflegen — 108
Pflanzvorschlag für einen Balkonkasten — 109

Rat und Rezepte aus alter Zeit — 110

Magische Momente im Garten — 112

Gartentag — 114
Die Blume der Ergebung — 116
Der alte Garten — 118
Dunkler Garten — 120
Verklärter Herbst — 122
Erster Schnee — 124

Register — 126
Impressum — 127

...chichte...
der Zauberpflanzen

Die geheimnisvolle Heilkraft von Kräutern lässt sich bis an den Anfang der Geschichte zurückverfolgen. Schon frühe Zivilisationen experimentierten mit Pflanzen. Sie fanden heraus, mit welchen Kräutern sie ihre Leiden behandeln konnten, und gaben dieses Wissen von Generation zu Generation mündlich und durch Unterweisung weiter. Sagen und Legenden erzählen von wundersamen Wirkkräften, die sich im Laufe der Zeit mit Riten und Brauchtum verbanden.

Kleine Kräutergeschichte

„In den Kräutern ist die ganze Kraft der Welt. Derjenige, der ihre geheimen Fähigkeiten kennt, der ist allmächtig."

(aus einer alten indischen Sage)

Plinius d. Ä. wurde vor allem bekannt durch sein naturwissenschaftliches Werk „Naturalis historia".

Bereits in den frühen Zeiten der Menschheitsgeschichte hatten Kräuter ihren ganz besonderen Platz und Stellenwert. Sie gehörten zu den Nahrungsmitteln aus der Umgebung der „Jäger und Sammler" und wurden wahrscheinlich schon damals auch als Würze und Heilmittel genutzt.

In den alten Hochkulturen in China, Indien, Persien und Ägypten gab es schon Aufzeichnungen über die Nutzungsmöglichkeiten der einzelnen Pflanzen. Als ältestes Schriftstück der Kräuterheilkunde gilt ein Heilpflanzenbuch aus dem Jahr 3700 v. Chr., welches dem chinesischen Kaiser Shen Nong zugeordnet wird. Er soll die Menschen gelehrt haben, Ackerbau zu betreiben, die direkte Übersetzung von Shen Nong ist „Göttlicher Bauer". Ihm wird zugeschrieben, im Selbstversuch hunderte Pflanzen auf ihre medizinischen Eigenschaften hin untersucht zu haben. Die Ergebnisse seiner Experimente hat Shen Nong in „Des Göttlichen Bauers Buch von Wurzeln und Kräutern" beschrieben, in dem die verschiedenen Kräuter und Substanzen aufgelistet sind.

Doch nicht nur die Chinesen blicken auf einen frühen und reichen Erfahrungsschatz zurück. Auch bei den alten Ägyptern finden sich Aufzeichnungen über den Umgang mit Heilpflanzen und ihrem Anbau.

Die ersten Höhepunkte erreichte die Kräuterheilkunde jedoch in der Antike. Der griechische Militärarzt Pedanios Dioskurides, der in römischen Diensten stand, beschrieb im 1. Jahrhundert n. Chr. zahlreiche Heilpflanzen und deren Anwendungen in seinem Werk „De materia medica". Es umfasst ca. 1000 Arzneimittel und 4740 medizinische Anwendungen. Dieses umfangreiche Werk mit seinen genauen Beschreibungen galt bis ins Mittelalter hinein als eines der wichtigsten Kräuterbücher überhaupt.

Pedanius Dioskurides ist der berühmteste Pharmakologe des Altertums.

Geschichte der Zauberpflanzen

Auch die Römer haben sich ihren Platz in der Geschichte der Kräuterkunde gesichert. Plinius der Ältere, ein römischer Ritter mit politischer Karriere, wurde vor allem durch sein naturwissenschaftliches Werk „Naturalis historia" bekannt, das als einziges seiner Werke erhalten geblieben ist. In dieser Enzyklopädie mit 37 Büchern fasste er insbesondere das naturkundliche Wissen seiner Zeit zusammen. Aus den Überlieferungen der römischen Feinschmecker Apicius und Lukullus wissen wir heute gerade aus jenen Zeiten sehr viel über die Nutzung der Kräuter als Heil- und Würzmittel.

Die Zusammenhänge zwischen Nahrung und Heilmitteln fanden auch in der arabischen Heilkunst ihren Niederschlag. Der „Qanun-al-Tibb" (Kanon der Medizin), verfasst von dem berühmten persischen Arzt Avicenna (980–1073), vereint griechische, römische und persische Traditionen. Es ist unterteilt in fünf Bücher, von denen eines sich mit der Herstellung von Heilmitteln befasst. Die „Materia Medica" („Medizinisches Material") des Qanun-al-Tibb enthält 760 Medikamente mit Angaben zu deren Anwendung und Wirksamkeit.

Hexen, fahrendes Volk und Kräuterzauber

Kraft und Wirkung von Kräutern wurden lange bevor das Christentum sich ausbreitete geschätzt und hoch geachtet. In fast allen Kulturen und Ländern fand man die Bestätigung, welche Weisheit und Kraft den Kräutern innewohnen und wie reich der sei, der dieses Wissen sein eigen nennen durfte.

In vorchristlichen Zeiten waren „Hexenkräuter" vor allem heilende Pflanzen, mit denen weise Frauen innere und äußere Natur in Einklang brachten und magische Fäden zwischen göttlicher und menschlicher Ebene knüpften. Mit dem Christentum wurden jedoch Einfluss und Wirken der Kräuterkundigen einerseits als bedrohlich empfunden, andererseits dann als „Gottes Geschenk" betrachtet, wenn das Wissen aus den Klöstern kam. Nun verstanden es manche Frauen, durch Intuition, Lauschen in die Natur, durch genaues Beobachten und Ausprobieren, durch Lernen und Erfahrung, den Zauber der Pflanzen tiefgreifender zu ergründen. Ihre Fähigkeiten schöpften sie aus den Kräften der Natur. Vor allem die Pflanzenwelt gab ihnen das Rüstzeug zur Ausübung ihrer Zunft. Damit verfügten sie über eine Macht, die sie in die Nähe des Übernatürlichen rückte und somit

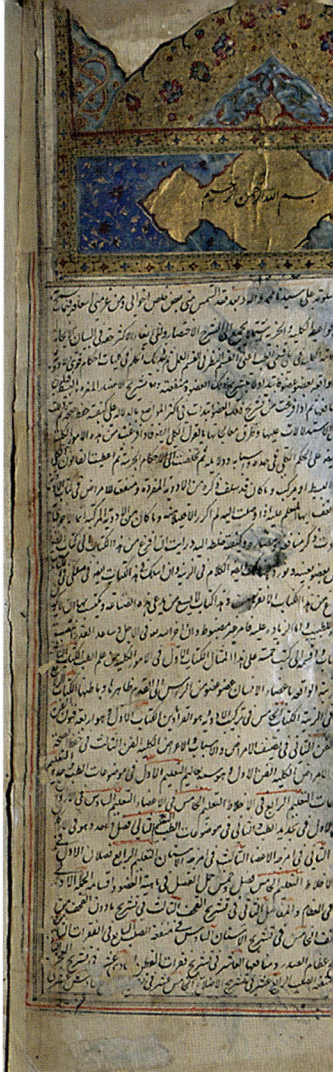

Der Qanun al-Tibb (Kanon der Medizin) ist das berühmteste Werk von Avicenna.

Oh, große Kräfte sind´s;
Weiß man sie recht
zu pflegen;
Die Pflanzen,
Kräuter, Stein
In ihrem Innern
hegen.

(William Shakespeare
aus Romeo und Julia)

Alte Theriak-Rezepturen

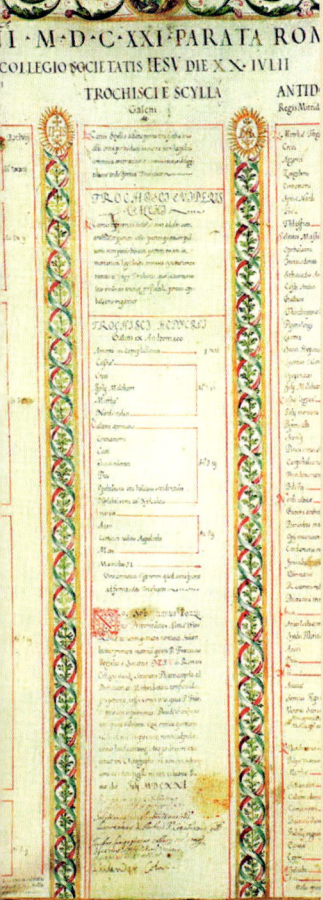

Zur Zeit der Hexenverfolgungen wurden Frauen schon der Hexerei bezichtigt, wenn sie Kräuter zur Heilung verwendeten („Warhaffige Zeitung von den gottlosen Hexen", 1571)

verdächtig erscheinen ließ. Und so hatten diese „Hexen" von jeher einen schlechten Ruf, weil man sich ihre Fähigkeiten nicht erklären konnte und diese kurzerhand für teuflisch befand. Im Grunde aber kannten sie neben den wohltuenden und heilkräftigen zugleich auch die dunklen, gefährlichen Eigenschaften der Pflanzen.

Im Mittelalter galten Kräuter generell als Zaubermittel. Selbst das neue Schießpulver wurde als „Kraut" bezeichnet, und das Gewehr erhielt den Namen „Büchse", da man Feuer und Rauch beim Abschießen der „Büchse" mit den magischen Wirkungen aus den Büchsen der Jahrmarktzauberer und Gaukler verglich. Puppenspieler, Bänkelsänger und die Verkäufer von Wundermitteln wurden zusammen mit dem „fahrenden Volk" angeprangert. Da sie das einfache Volk, wenn auch nur für kurze Zeit, seine schweren Sorgen vergessen ließen, hatten sie mehr Anhänger als die eifernden Prediger. Dafür wurden sie im „Narrenspiegel" von Abraham a Santa Clara (1709) als „von Gott verlassene Narren, welche einem jeden hergeloffenen fahrenden Schüler glaubten", bezeichnet. Hexen und „Fahrende" wurden als Einheit gesehen, wobei „fahren" den durch Zaubermittel bewirkten magischen Flug bezeichnete. Es ist wahrscheinlich, dass damals nicht nur das Wissen um heilkundige Pflanzen von den Klöstern, sondern auch die Kenntnisse über Rausch-, Gift- und Kräuterrezepturen vor allem durch fahrende Völker verbreitet wurden. Bis ins 19. Jahrhundert hinein fanden die Jahrmarkt-Doktoren mit ihren „Theriak-Mitteln" bei der Bevölkerung großen Zuspruch, obwohl sie andererseits mit großem Misstrauen verfolgt wurden.

Verkäufer von Wundermitteln wurden zusammen mit dem fahrenden Volk angeprangert.

Geschichte der Zauberpflanzen

Theriak war eine ursprünglich als Gegengift entwickelte Arznei, die im Mittelalter als Universalheilmittel gegen alle möglichen Krankheiten und Gebrechen verwendet wurde und heute noch – allerdings mit abgewandelter Rezeptur und Indikation – hergestellt wird. Die alten griechischen Ärzte versuchten die Bisse giftiger Schlangen mit einer Kräutermixtur aus Anis, Fenchelsamen und Kümmel zu heilen. Das Rezept für das Heilmittel Theriak war in die Mauer des Asklepieions auf der Insel Kos eingemeißelt. Der Begriff wird erstmals um ca. 170 v. Chr. bei Nikandros von Kolophon, einem Arzt und Dichter, erwähnt. Unter einer Züricher Totentanz-Darstellung des 17. Jahrhunderts wird der Theriak-Händler auch als „fahrender Schüler" und „Zigeuner" bezeichnet und somit zum „Giftekoch" und „Alraunwieger" erklärt.

Von der Geistlichkeit verdammt und von den weltlichen Gerichten in den Kerker gesperrt, fanden die Rauschmittelhändler jedoch beim einfachen Volk Unterstützung, welches ihnen immer wieder half, der Obrigkeit zu entkommen. Die Verfolgten flohen aus den Städten, wanderten weiter, tauschten mit anderen Flüchtigen verfemtes Wissen aus und verbreiteten es auf diese Weise in ganz Europa. Da dies alles im Geheimen stattfinden musste, lässt sich auch erklären, woher in den Märchen die Gestalten des allwissenden

Hexen beim Schadenszauber (1508)

Zwerges, des alten Kräuterweibs und der bösen Hexe kommen. Auch andere Figuren haben wohl hier ihren Ursprung wie der „schwarze Mann", der oft mit den meist schwarz gekleideten Theriak- und Alraunkrämern in Verbindung gebracht wurde.

Was sind Zauberpflanzen?

Früher war die Pflanzenwelt eine göttliche Gabe und wurde von den Menschen dankbar in Form von Nahrung und als Heilpflanzen angenommen und verehrt. Im Pflanzenreich suchten die frühen Menschen auch nach Antworten für alles Unerklärliche. Das Leben mit den Pflanzen führte zu einem großen Erfahrungsschatz, es entstanden Überlieferungen, Geschichten und mythologische Sagen. Pflanzen, die aus der Reihe tanzen, weil sie zu ungewöhnlicher Zeit blühen (Christrose), eine auffällige Blütenform haben (Löwenmaul), keine Samen bilden (Farn) oder hoch oben in Bäumen wachsen (Mistel) wurden oft zu Trägern von Aber- und Zauberglauben.

Vielen Kräutern wurden magische Eigenschaften zugeschrieben. So kannten die Angelsachsen neun heilige Kräuter zum Schutz vor allen möglichen bösen Einflüssen. Man trug sie als Kranz auf dem Kopf und als Amulett, goss ihre Abkochungen ins Badewasser, rührte sie in Salben hinein und räucherte mit ihnen oder hängte sie als Zaubermittel gegen Hexerei, böse Geister, Albträume und Krankheiten über die Türen, Fenster und Betten.

Nach alter Überlieferung teilt man Zauberpflanzen in folgende Kategorien ein:

■ Amulett und Talisman

Amulette sind an Ketten und Bändern getragene Anhänger, welche die Lebenskraft stärken und schädliche Einflüsse abwehren sollen. Der Talisman ist ein Gegenstand, dem Zauberkraft zugeschrieben wird, um seinem Besitzer Schutz, Reichtum und Glück zu verschaffen. Solche „Glückspflanzen" sind schwer zu finden, sie müssen zu einer bestimmten Tageszeit, unter Beachtung vorgeschriebener Rituale und mit gebührender Achtung geerntet werden, sonst zeigt sich den Menschen ihre Zauberkraft nicht.

■ Beruf- und Beschreikräuter

Berufen bedeutet, von bösen Geistern oder Hexen angesprochen und in ihren Bann gezogen zu werden, ohne es zu merken. Unberufen heißt, frei von magischer Beeinflussung zu sein. Um das „Berufenwerden" abzuwehren, musste man wirksame Beruf- oder Beschreikräuter bei sich tragen oder ihren Namen rufen.

Berufkraut

Christrose

Geflecktes Knabenkraut

■ Hexenkräuter

Allgemein unterscheidet man „gute" und „schlechte" Zauberpflanzen. Hexenkräuter waren gut, sie vertrieben alles Böse, brachten Gesundheit und Reichtum. Die Kenntnisse der rettenden Gegenmittel zählten zu den Geheimnissen der Hexen und Zauberer, welche die Hexenkräuter auch zur Herstellung von Hexen- und Flugsalben benutzten. Diese mysteriösen Salben wurden zum Teil aus hochgiftigen Kräutern hergestellt. Es handelte sich dabei um Pflanzen, die Halluzinationen hervorriefen. Mit ihnen rieben sich die Hexen vor ihrem Ritt auf den Blocksberg in der Walpurgisnacht ein.

■ Teufelskräuter

Sie gehörten zu den „schlechten" Zauberpflanzen, die dazu dienten, Menschen und Vieh Krankheiten, Unheil oder anderes Böses anzuhexen sowie die Naturgewalten zu beeinflussen. Sie brachten Dürre, Überschwemmungen, Gewitter, Frost und Eis und verdarben die Ernte. Zahlreiche Teufelskräuter sind tödlich giftig und wurden auch in mörderischer Absicht eingesetzt. Die bekannteste Zauberpflanze, die Alraune, gehört sowohl zu den Hexen-, als auch zu den Teufelskräutern.

■ Liebespflanzen

Sie galten als Pflanzen der Götter. Im Laufe der Geschichte wurden über tausend verschiedene Liebespflanzen benannt. Dabei unterscheidet man Aphrodisiaka, die Hemmungen abbauen oder sexuell anregen, und Liebeszauber in Form von dunkler Magie, die einen Menschen zur Liebe zwingen sollte. Als Liebeszauberpflanzen galten auch solche, deren Wurzel Ähnlichkeit mit menschlichen Geschlechtsorganen haben, zum Beispiel Knabenkräuter, deren Knollen den männlichen Hoden ähneln.

Alraune

> Es sei ihr angetan worden. Irgendein Zauber – ob sie einer Druide begegnet oder ein giftiges Kraut verschluckt oder aus einem schädlichen Quell getrunken – habe die Ärmste der Vernunft beraubt.
>
> (Conrad Ferdinand Meyer aus: „Die Richterin")

Was sind Zauberpflanzen?

■ Räucherpflanzen

Das Räuchern zählt zu den ältesten kultischen Handlungen und Heilanwendungen der Menschen und war immer mit Ritualen verbunden. In den alten Hochkulturen war ein reichhaltiges Wissen über die verschiedenen Wirkungsweisen von Pflanzen vorhanden. Mariengras oder Süßgras ist eine Heil- und Räucherpflanze, die eine lange Tradition hat. Die Indianer Nordamerikas benutzen Süßgrasräucherungen für Friedens- und Heilrituale. Gute, hilfreiche Geister lieben den Geruch von Süßgras, so heißt es in der indianischen Tradition. Durch das Räuchern mit Pflanzen stellten die frühen Menschen eine Verbindung zu den Göttern her. Auch heute noch wird geräuchert, wenn man zum Beispiel an den Weihrauch in katholischen Gottesdiensten denkt.

■ Signaturpflanzen

Die Signaturlehre geht davon aus, dass Pflanzen Zeichen tragen, die dem Menschen kundtun, zu welchem Nutzen oder gegen welche Krankheit sie eingesetzt werden können. Als Fingerzeig der Natur gelten zum Beispiel Form, Farbe und Geruch einer Pflanze. Manche dieser auf Erfahrung beruhenden Anwendungsbereiche haben sich heute als wissenschaftlich begründet erwiesen.

■ Weihkräuter

Die Wurzeln der Kräuterweihe reichen weit bis zu den Urmysterien der Menschheit zurück. Als vorchristliches Natur- und Erntedankfest fand sie Eingang in den kirchlichen Marienkult. Die geweihten Kräuter sollten gegen Verzauberung des Viehs, Unwetter und Krankheit helfen sowie für eine gute Ernte und Eheglück sorgen. Das ganze Jahr nahm man auch vom Kräuterbuschen, um zu räuchern. Sieben Kräuter müssen es mindestens sein, man kennt auch 9er-, 12er- und 15er-Buschen, dabei ist auf die

9er-Buschen

15er-Buschen

Süßgras

vorgeschriebenen „magischen Zahlen" zu achten. Vor allem in den ländlichen Regionen Süddeutschlands ist der Brauch der Kräuterweihe noch sehr lebendig.

Die Kräuterernte

Der Überlieferung nach hatten Kräuter die größte Wirkung, wenn sie im ersten oder zweiten Mondviertel gesät oder gepflanzt wurden. Beim Sammeln von Kräutern gab es viele seltsame Bräuche. So glaubte man, dass sie besser wirkten, wenn sie nachts gesammelt wurden. Bei den Sachsen war es üblich, Kräuter in der Dämmerung zu ernten. Die Druiden trugen zum Sammeln weiße Leinengewänder, gingen barfuß und schnitten die Kräuter mit goldenen Klingen ab. Als besonders effektiv galt es, die Kräuter kurz vor oder nach dem Vollmond zu ernten. In manchen Gegenden sammelte man die Kräuter mit der linken Hand, sah dabei niemals in den Wind und wandte sich nicht um. Beim Schneiden der Pflanzen sprach man mit ihnen. Kräuter, die zu Boden gefallen waren, wurden liegengelassen, weil man glaubte, das Gute in ihnen sei in die Erde zurückgekehrt. Einige Kräuter durften niemals mit Eisenwerkzeugen geschnitten werden.

Buchmalerei aus dem 14. Jahrhundert

Nach der Ernte wurden die Kräuter getrocknet, damit man sie auch noch im Winter verwenden konnte. Außerdem stellte man daraus Duftsäckchen her, damit es im Haus immer frisch roch. In Häusern und Kirchen wurden die Fußböden mit wohlriechenden Kräutern und Binsen abgedeckt. Das galt als besonders wirksam in Zeiten, in denen Seuchen herrschten.

pflanzen
...im Porträt

Wilde und kultivierte Kräuter sind die ältesten Mittel, um bei Mensch und Tier Schmerzen zu lindern und Krankheiten zu heilen. Kräuter galten als wichtige Zutaten zu Zauberformeln und Hexentränken und spielten eine besondere Rolle bei religiösen Festen. Von manchen Pflanzen glaubte man, dass sie vor Unheil und bösen Mächten schützten. In diesem Kapitel werden die wichtigsten, ungiftigen Zauberpflanzen vorgestellt.

Gemeine Schafgarbe
Achillesgarbe, Blutstillkraut (Achillea millefolium)

> „Und wusste von Achilles Speer zu sagen, der Wunden heilte, die er selbst geschlagen."
>
> (Geoffrey Chaucer: Die Erzählung des Junkers, 1386)

Die Schafgarbe ist auf der ganzen Welt zu finden. Sie wächst auf Ödland ebenso wie auf Weiden und Wiesen. Die zweijährige buschige, aromatisch riechende Staude aus der Familie der Korbblütler wird 40–90 cm hoch. Aus dem kriechenden Wurzelstock entwickeln sich zuerst Laubblattrosetten und danach die Blütentriebe. Die Blätter sind wechselständig, doppelt oder dreifach fiederspaltig, die Blütenstände in einer rispigen Scheindolde angeordnet. Die Scheibenblüten der Köpfchen sind weiß, die Zungenblüten weiß, rosa oder rot gefärbt. Blütezeit ist von Juni bis Oktober.

Geschichte und Mythologie

Die Römer benannten dieses Kraut nach Achilles, dem starken und mutigen Krieger in Homers Ilias, dessen Speer sowohl die Macht hatte zu heilen als auch zu töten. Denn der Legende nach soll die Schafgarbe aus Rostspänen des Speers von Achilles entstanden sein. Mit ihr habe der sagenhafte Held im Trojanischen Krieg viele seiner verwundeten Kameraden geheilt. Und wegen ihrer Heilkraft wurde die Schafgarbe von jeher auf dem Schlachtfeld eingesetzt. Die Druiden schrieben dem Kraut heilige Kräfte zu und sagten mithilfe ihrer großen Stängel das Wetter vorher. Auch die alten Chinesen nutzten die Schafgarbenstängel für das berühmte „I-Ging-Orakel." Im Mittelalter wurden die Blätter zerstoßen und bei Nasenbluten in die Nase gestopft.

Volksglauben und Brauchtum

Mit ihren magischen Kräften wurde die Schafgarbe dem heiligen Johannes zugewiesen. Man hängte sie am 23. Juni (dem Vorabend des Johannistages) in Häusern und Kirchen zum Schutz vor Krankheit und bösen Geistern auf. Als Bund wurde sie an den Türrahmen genagelt und bei Sonnenuntergang ins Feuer geworfen. In Irland glaubte man, dass die Schafgarbe das erste Kraut war, welches das Jesuskind pflückte, und es deshalb Glück brachte. Eingewebt in Dekorationsstoffe sollte sie Hexen fernhalten, von denen man glaubte, dass sie das Kraut für ihre Zauberformeln und Tränke benutzten. Man nannte die Pflanze auch „Milchschelm", weil sie verhexten Schafen wieder zu Milchfluss verhelfen sollte. Auf den Friedhöfen wuchs die Schafgarbe besonders üppig, damit die Toten daran erinnert würden, dass sie zu Lebzeiten keine Schafgarbe gegessen hatten. Im Brauchtum diente sie oft für Prophezeiungen in Liebesangelegenheiten. Pflückte eine Frau in einer Vollmondnacht die Pflanze vom Grab eines jungen Mannes und legte sie unter ihr Kopfkissen, würde sie von ihrem künftigen Geliebten träumen. Als „siebenjährige Liebe" war sie auch im Brautstrauß enthalten, damit die Liebe des Brautpaares mindestens sieben Jahre andauerte. Den Kindern legt man Schafgrabe auf die Augen, damit sie schöne Träume hatten.

Heilkraft

Die Schafgarbe enthält Bitter- und Gerbstoffe, ätherisches Öl, Harz, Magnesium und Kalium. Sie wirkt entzündungshemmend, antibakteriell, krampflösend und fiebersenkend. Als heißes Getränk verabreicht, leitet sie Schweißausbrüche ein, die das Fieber senken, und unterstützt das Ausschwemmen von Giften. Bei Hautausschlägen kann die Schafgarbe als Absud für Umschläge verwendet werden. Als Mundspülung hilft sie bei Zahnfleischentzündungen.

Kultivierung

Die widerstandsfähige Pflanze braucht einen sonnigen Platz mit mäßig feuchtem, nährstoffreichem Boden. Die Aussaat erfolgt am besten im Frühjahr. Die Pflanze ist ein Lichtkeimer, deshalb werden die Samen nur ganz leicht mit Erde abgedeckt.

Die wuchsfreudige Schafgarbe bildet viele Wurzelausläufer in nur einem Sommer. Um ein unkontrolliertes Ausbreiten zu verhindern, teilt man den Wurzelstock im Frühjahr oder zu Herbstbeginn und pflanzt die Teile an geeigneter Stelle wieder aus. Das Kraut ist der „Pflanzendoktor" im Garten. Die Absonderungen seiner Wurzeln erhöhen die Resistenz anderer Pflanzen, die in seiner Nähe wachsen gegen Krankheiten.

Ernte

Geerntet wird das ganze blühende Kraut, indem man es etwa handbreit über dem Boden abschneidet. Danach wird es gebündelt und an einem schattigen, und luftigen Ort zum Trocknen aufgehängt.

> „Du hübsches Kraut des Venusbaums, Schafgarbe nennt man dich. Wer wird mein Freund des Herzens sein? Sag es mir, so flehe ich."
> (überlieferter Vers aus England)

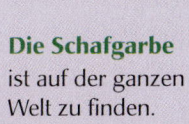

Die Schafgarbe ist auf der ganzen Welt zu finden.

Gemeine Schafgarbe

Frauenmantel

Taublatt, Sinau (Alchemilla)

> „Die Wurzel und Kräuter bete ich an mit meinem kostbaren Gebet, die da auf diesem Ort beschaffen sind, zu doktoren und zu heilen. Sinau, Sinau, du heiliger Sinau, das sind die Sinauwurzeln, unserer lieben Frau ihr Mantelkraut, die Wurzel ist die Wurzel über alle Kräuterwurzeln, ein Kräutlein über alle Kräutlein."
>
> (altes Kräutergebet)

Der Frauenmantel ist in den Bergen Europas, Asiens und Amerikas beheimatet. Die ausdauernde Pflanze ist sowohl an feuchten Plätzen, als auch in trockenen, schattigen Wäldern zu finden. Der Frauenmantel hat einen kräftigen, verholzten Wurzelstock. Die 50 cm langen, hellgrünen Stängel sind rötlich überlaufen und verzweigen sich stark. Die großen, behaarten, kreisrunden Blätter sind handförmig gelappt und erinnern an einen weiten, fächerförmigen Mantel. Am Frauenmantel lässt sich eine interessante Erscheinung beobachten. In Nächten mit hoher Luftfeuchtigkeit scheidet die Pflanze an den Blatträndern reichlich Wasser aus. Bis zum Morgen sammelt es sich in großen Tropfen (Gutationstropfen) in der trichterartigen Vertiefung der Blattmitte.

Geschichte und Mythologie

In der Antike wird der Frauenmantel nicht als Heilpflanze erwähnt. In der nordischen Mythologie war das Kraut der Fruchtbarkeitsgöttin Freyja geweiht. Die goldenen Tränen, die sie um ihren in der Ferne weilenden Gatten Od geweint hatte, verglich man mit den in der Sonne glänzenden Wassertropfen auf den Blättern des Frauenmantels. Die ersten schriftlichen Überlieferungen stammen aus dem frühen Mittelalter. Hildegard von Bingen empfahl den Frauenmantel gegen Kehlgeschwüre. Der botanische Namen leitet sich von dem Volksnamen „Alchemistenkraut" ab. Denn die Alchemisten des Mittelalters bezeichneten die Gutationstropfen als „himmlischen Tau", dem sie magische Kräfte zuschrieben. Sie versuchten sogar, daraus Gold zu gewinnen. Der Volksname „Sinau" geht zurück auf das mittelhochdeutsche „sintowe" (Immertau), da die Wassertropfen auf den Blättern zurückbleiben, wenn der Tau unter der Sonne verdunstet ist.

Volksglauben und Brauchtum

Der Frauenmantel wurde von den heilkundigen Frauen bei abnehmendem Mond gesammelt, um die Blutflüsse der Frauen zu stillen und Wunden zu heilen. In früheren Zeiten wurde ihm Zauberkraft zugesprochen. Die Anwendung der Wassertropfen auf seinen Blättern sollte den Frauen ewige Jugend erhalten oder ältere Weiber in den Zustand der Jungfräulichkeit zurückversetzen.

Heilkraft

Der Frauenmantel gilt bis heute als wirksames pflanzliches Heilmittel bei Problemen der weiblichen Fortpflanzungsorgane. Es reguliert den Menstruationsfluss und lindert starke Blutungen wie auch Schmerzen während der Periode, insbesondere in der Pubertät und in den Wechseljahren. Frauenmanteltee soll die Gebärmutter kräftigen sowie die Entbindung erleichtern und kann nach Zahnextraktionen als Mundspülung angewendet werden.

Zauberpflanzen im Porträt

Kultivierung

Der Frauenmantel ist vollkommen winterhart und braucht im Garten einen tiefgründigen, gut durchlässigen, aber feuchten Boden sowie einen sonnigen oder halbschattigen Platz. Wenn man im Frühjahr sät, kommt die Pflanze im nächsten Sommer zur Blüte, danach empfiehlt sich ein Rückschnitt. Sobald die Pflanze im Garten heimisch geworden ist, sorgt sie durch Selbstaussaat für Nachwuchs. Sie lässt sich aber auch problemlos durch Teilung des Wurzelstocks vermehren. Der Frauenmantel wird gerne als Rabattenabschluss gepflanzt.

Ernte

Zur frischen Verwendung erntet man während des ganzen Sommers die jungen Blätter. Zum Trocknen werden die Blätter vor der Blüte gesammelt.

> „Dieses Kraut in Regenwasser oder aber in Leschwasser, darin der Schmied das glühende Eisen ablöschen, gesotten und mit demselben Wasser die heimlichen Örter der Weiber gewaschen, dringet es dieselbigen zusammen als wenn sie Jungfrauen werend."
> (aus dem Kräuterbuch des Jacob Tabernaemontanus)

Der Frauenmantel ist in den Bergen Europas, Asiens und Amerikas beheimatet.

Schnittlauch
Graslauch, Binsenlauch (Allium schoenoprasum)

„Je schöner der Schnittlauch im Garten ist, desto böser ist die Hausfrau."
(Alter Spruch)

Als einziger Vertreter aus der Gruppe der Zwiebelgewächse wächst der Schnittlauch wild in Europa, Australien und Nordamerika. Er gedeiht in gemäßigten und warmen, aber auch in heißen Regionen. Schnittlauch ist eine Gruppen bildende Pflanze aus der Familie der Liliengewächse. Aus einer kirschgroßen, schlanken Zwiebel sprießen in Büscheln dünne, dunkelgrüne, hohle bis zu 30 cm hohe Röhrenblätter. An ihren Enden bilden sich ab Juli blassrote, zahlreich in kopfigen Dolden stehende Blüten.

Geschichte und Mythologie
Es gibt Aufzeichnungen, aus denen hervorgeht, dass der Schnittlauch schon in vorchristlicher Zeit in Asien und im Mittelmeerraum bekannt war. Der botanische Begriff geht auf das griechische „schoinos" (Binse) und „prason" (Lauch) zurück. In China wurde er „Juwel unter den Gemüsepflanzen" genannt und schon seit dem 3. Jahrtausend v. Chr. zum Kochen und Heilen eingesetzt. Von dort brachte ihn Marco Polo mit in die westliche Welt. Im Mittelalter bezeichnet man das Kraut als „Binsenlauch" und benutzte es zur Ausnüchterung nach Zechgelagen. Obwohl er eines der ältesten Kräuter ist, fand der Schnittlauch erst ab dem 16. Jahrhundert Eingang in die europäischen Gärten. Schnittlauch wurde vor allem wegen seines milden Zwiebelaromas geschätzt und als Mittel zur Blutstillung verwendet.

Volksglauben und Brauchtum
Schnittlauch galt als schützende Pflanze, man verteilte sie im ganzen Haus, um den bösen Blick abzuwenden. Schnittlauchblüten am Fenster sollten das Unglück fernhalten. Wer um die Osterzeit Schnittlauch aß, blieb das Jahr über gesund. Er zählte auch zu den Kräutern, die Bestandteil der traditionellen „Gründonnerstagssuppe" sind. Mönche hatten Schnittlauch in ihren Klostergärten rundum angebaut, weil er als wirksames Mittel gegen böse Hexerei galt. Wenn man Haustieren Schnittlauch ins Futter gibt, sollen sie vor Räude geschützt sein.

Heilkraft
Schnittlauch hat einen hohen Gehalt an Vitamin C und ätherischen Ölen. Er wirkt schleimlösend, antibakteriell, blutreinigend und harntreibend und hilft bei Husten, Blähungen und Darmentzündungen. Schnittlauch ist am wirksamsten, wenn er frisch verzehrt wird, im Salat ist er immer eine gesunde und wohlschmeckende Beigabe.

Kultivierung
Im Garten bevorzugt Schnittlauch einen sonnigen bis halbschattigen Platz mit gut durchlässigem, nährstoffreichem Boden. Die Vermehrung erfolgt im Frühjahr durch Aussaat der Samen oder durch Auspflanzen der winzigen Zwiebeln sowie im Herbst durch Teilung des Wurzelstocks.

Die einzelnen Büschel werden im Abstand von 20 cm gesetzt. Da die ätherischen Öle vorbeugend gegen Pilzerkrankungen und Insektenbefall wirken, ist der Schnittlauch eine gute Nachbarpflanze für Gemüsepflanzen und Obststräucher. In der Nähe von Apfelbäumen soll er Schorf, bei Rosen schwarze Flecken verhindern. Man sagt, dass er Möhrenfliegen vertreibt, wenn man ihn neben Karotten pflanzt. Schnittlauch eignet sie sowohl als Rabatten- und Einfassungspflanze als auch zur Topfkultur.

Ernte

Die Röhrenblätter können jederzeit während der Vegetationsperiode geschnitten werden. Im Kühlschrank lässt sich Schnittlauch in einem Plastikbeutel eine Woche frisch halten. Nach der Blüte schneidet man ihn normalerweise zurück.

„O letztes Leben und wie das Leben auch. Verkannt, du Anbot wahrster Bescheidenheit, Du selbstgenügsam stille Pflanze, die nur wie Schnittlauch schmeckt und duftet."
(aus einem Gedicht von Karl Kraus)

Der Schnittlauch wächst wild in Europa, Australien und Nordamerika.

Schnittlauch

Knoblauch
Wunderzwiebel, Knofel (Allium sativum)

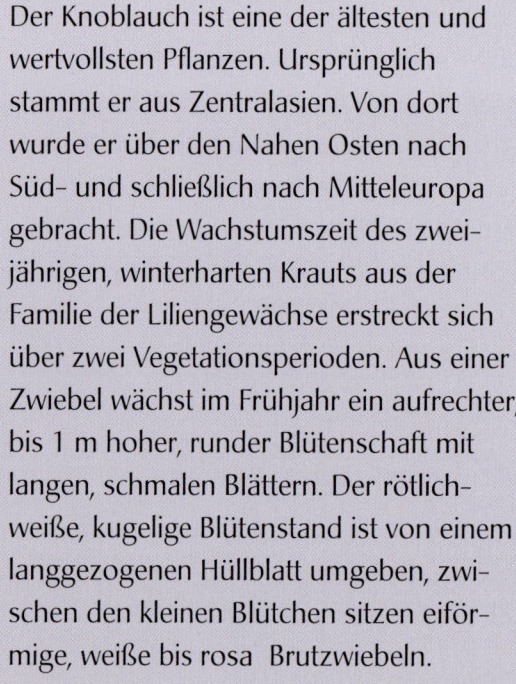

> „Sollte je ein Mann mit sündiger Hand die betagten Eltern ersticken wollen, so möge er Knoblauch essen, tödlicher als Schierling!"
>
> (Horaz, 1. Jhd. v. Chr.)

Der Knoblauch ist eine der ältesten und wertvollsten Pflanzen. Ursprünglich stammt er aus Zentralasien. Von dort wurde er über den Nahen Osten nach Süd- und schließlich nach Mitteleuropa gebracht. Die Wachstumszeit des zweijährigen, winterharten Krauts aus der Familie der Liliengewächse erstreckt sich über zwei Vegetationsperioden. Aus einer Zwiebel wächst im Frühjahr ein aufrechter, bis 1 m hoher, runder Blütenschaft mit langen, schmalen Blättern. Der rötlich-weiße, kugelige Blütenstand ist von einem langgezogenen Hüllblatt umgeben, zwischen den kleinen Blütchen sitzen eiförmige, weiße bis rosa Brutzwiebeln.

Geschichte und Mythologie

Der Sage nach bewahrte Odysseus sich und seine Männer davor, dass die Zauberin Circe sie in Schweine verwandelte, indem er eine Pflanze namens „Moly" (vermutlich eine wilde Knoblauchart) in den Wein gab. Knoblauch ist ein uraltes Heilmittel, die alten Ägypter gaben den beim Bau der Pyramiden eingesetzten Arbeitern täglich eine Portion Knoblauch, um sie bei Kräften zu halten. Altägyptische Papyri berichten, dass diese streikten, wenn sie nicht genügend Zwiebeln und Knoblauch zu ihrer täglichen Nahrung bekamen. Auch die römischen Soldaten versorgten sich mit Knoblauch, um im Kampf stark und mutig zu sein.

Volksglauben und Brauchtum

Vielen Völkern galt der Knoblauch als Heilmittel gegen Hexerei, böse Geister und Vampirbisse. Seeleute trugen stets eine Zehe zum Schutz vor Schiffbruch mit sich. In Deutschland sollte eine Knoblauchwurzel Bergarbeiter vor bösen Geistern in den Gruben bewahren. Blinden Rindern hängte man eine Knoblauchwurzel um, damit sie wieder sehen konnten. In Bulgarien wurden einer Wöchnerin Knoblauchzehen auf das Kopfkissen gelegt, und das Neugeborene erhielt alsbald eine kleine Mütze, an die Knoblauch geheftet war. In einigen Gebieten in Frankreich war es Brauch, einem Kind bei der Taufe eine Zehe auf die Lippen zu legen, dies sollte Gesundheit und Segen bringen. Auch zum Erkennen von Dieben taugte Knoblauch. Wer einen Dieb im Traum erkennen wollte, sollte vor dem Schlafengehen Knoblauch und Brot auf den linken Arm binden und sich auf die rechte Seite legen.

Heilkraft

Knoblauch wird bei hohem Blutdruck empfohlen und soll das Risiko eines Schlaganfalls senken. Auch bei Darmerkrankungen kann Knoblauch hilfreich sein. Knoblauchtonikum soll den Appetit anregen und zur Behandlung von Zahn- und Ohrenschmerzen eingesetzt werden. Äußerlich lässt sich Knoblauch bei Insektenstichen und Furunkeln anwenden.

Kultivierung

Der Knoblauch bevorzugt im Garten einen sonnigen Standort mit lockerem Boden. Er wird nur durch Brutzwiebeln oder Zehen vermehrt, die entweder Ende Oktober oder Anfang März in Abständen von 15 cm in den Boden gesteckt werden. Bei großer Hitze muss etwas gegossen werden. In Mischkultur gepflanzt wirkt Knoblauch vorbeugend gegen Pilzkrankheiten.

Ernte

Geerntet wird der Knoblauch im Spätsommer, wenn die Blätter verwelkt sind. Man gräbt die Zwiebel aus und lässt sie zunächst ein paar Tage an der Luft trocknen. Mit Hilfe des trockenen Laubs werden die Zwiebeln gebündelt oder zu Zöpfen geflochten. Dann bewahrt man sie trocken und kühl auf.

„Ertrage den Knoblauch, auch wenn er schlechten Atem hinterlässt, denn er hat die Kraft, vom Tode zu erwecken."
(Robert Guiscard, normannischer Herrscher im 11. Jhd.)

Knoblauch
ist eine der ältesten und wertvollsten Pflanzen.

Dill

Gurkenkräutel, Kapernkraut (Anethum graveolens)

> „Weh euch, ihr Schriftgelehrten und Pharisäer, ihr Heuchler! Ihr gebt den Zehnten von Minze, Dill und Kümmel und lasst das Wichtigste im Gesetz außer Acht: Gerechtigkeit, Barmherzigkeit und Treue. Man muss das eine tun, ohne das andere zu lassen."
>
> (Matthäus 23,23)

Dill ist eine einjährige Kulturpflanze, die in den Mittelmeerländern und in Nordafrika fast überall verwildert vorkommt. Aus einer dünnen Wurzel wächst ein ca. 1 m hoher, schlanker, hohler, hellgrüner Stängel mit weißlichen Längsstreifen. Er ist locker mit sehr feinen, 3-fach geteilten, gestielten Blättern besetzt. An seiner Spitze bildet sich im Juli/August die goldgrün blühende, vierstrahlige Dolde aus. Die Einzelblüte ist sehr klein, ihr Duft zieht blattlausverzehrende Insekten an.

Geschichte und Mythologie

Dill wurde bereits in den Gärten der Assyrer als Küchenkraut angebaut. Er zählt zu den ersten Kräutern, deren Anbau schriftlich beurkundet ist und zwar vor 5000 Jahren in der Heilmittelliste eines ägyptischen Arztes, der mit Dill Kopfschmerzen behandelte. Von den Griechen und Römern wurde Dill vor allem auch für die Küche angepflanzt, aber auch für die Herstellung von Parfüm verwendet. Auch in Palästina wurde er angebaut, in der Bibel wird erwähnt, dass auf Dill der Zehnte abgeführt werden musste, und in Judäa galt er als Zahlungsmittel. Im Mittelalter war Dill ein gebräuchliches und beliebtes Küchenkraut. Im 17. Jahrhundert nahmen die ersten Siedler das Kraut mit in die Neue Welt. Dort war es üblich, während langer Gottesdienste Dillsamen zu kauen. Er sollte eine einschläfernden Wirkung haben und nagenden Hunger stillen.

Volksglauben und Brauchtum

Im Volksglauben stand der Dill als „Samen des Merkur" in dem Ruf, bösen Zauber zu verhindern und Dämonen abzuwehren. Gebärenden wurde geraten, einen Silberdukaten und etwas Dillkraut ins Bett zu legen. Dazu sollten sie sprechen „Ich liege auf Silber und Dill, mein Kind soll so sein, wie ich will." Neugeborene wurden mit Dill und Salz bestreut. Ein Sträußchen Dill über der Tür schützte vor Menschen, die einem etwas Böses wollten. Und wer als Braut sicherstellen wollte, dass die Frau nach der Hochzeit daheim das Sagen hatte, sollte sich etwas Dill und Senfkörner in die Brautschuhe legen und während der Trauung leise vor sich hin flüstern „Ich habe Senf und Dill, mein Mann muss tun, was ich will." Wer sich Dill und Haberstroh in die Schuhe steckte, der sollte vor Gericht immer Recht behalten. Gegen die Verzauberung des Viehs mischte man Dill am Tag vor der Walpurgisnacht den Kühen unters Futter.

Heilkraft

Dill enthält Cumarinderivate, Proteine, Bitterstoffe, Mineralstoffe und ätherisches Öl. Sie wirken verdauungsfördernd, harntreibend, krampflösend. Dilltee wirkt appetitanregend sowie bei Blähungen und Koliken. Bei stillenden Frauen fördert er den Milchfluss.

Kultivierung

Im Garten bevorzugt das Kraut einen sonnigen, warmen Platz mit lockerem, humusreichem Boden. Die Aussaat erfolgt im April direkt ins Freiland in 1 cm tiefen Rillen im Reihenabstand von 20 cm. Folgesaaten sind bis Juni möglich, dann ist man den ganzen Sommer über mit frischem Dill versorgt. Zu dichte Reihen auslichten, damit die Pflanzen besser wachsen können. In heißen Sommern muss regelmäßig gegossen werden. Dill sollte nicht neben Fenchel gepflanzt werden, da sich die beiden Pflanzen gegenseitig befruchten und ihr individuelles Aroma verlieren.

Ernte

Junge Blätter können den ganzen Sommer zum frischen Gebrauch geerntet werden. Zum Trocknen eigenen sie sich weniger. Sobald die Samen reifen, schneidet man die Blütenköpfe ab. Die Samen lassen sich zum Einlegen von Gurken verwenden (Name!)

„Nein, wenn er die Äcker geebnet hat, streut er Kümmel und Dill aus, sät Weizen und Gerste und an den Rändern den Dinkel."
(Jesaja 28,25)

Der Dill
ist eine einjährige Kulturpflanze, die in den Mittelmeerländern und in Nordafrika fast überall verwildert vorkommt.

Wermut

Absinth, Heilbitter (Artemisia absinthium)

„Willst du von Ungeziefer gesichert sein, so tauche dein Hemd in einen Absud von Wermut und Hufabschnitzeln von Pferden in halbverdünnter Lauge und laß es trocknen: so kommt dir keine Laus hinein, während sonst eine im Hemd stürbe und viele Tausende mit ihrer Leiche gehen."

Der Wermut ist in Nordafrika, Asien, sowie Mittel- und Südeuropa beheimatet. Er ist an Wegen, steinigen Ufern in warmen Regionen und auf warmen, felsigen Hängen zu finden. Die bis zu 100 cm hohe Pflanze aus der Familie der Korbblütler ist mit einem kräftigen Wurzelstock im Boden verankert. Die grün-weißen Stängel sind mit seidig behaarten, stark gefiederten, oberseits graugrünen, unterseits silbrig schimmernden Blättern besetzt. Von Juli bis September trägt der Wermut kleine, kugelige, gelbe Blüten, die in aufrechten Rispen stehen.

Geschichte und Mythologie

Der Wermut fand als Heil- und magische Pflanze bereits in der Antike Verwendung. Er war der Göttin Artemis geweiht, daher stammt auch sein botanischer Name. Artemis war in der griechischen Mythologie die Göttin der Natur und Jagd, aber auch die Schutzgöttin der Frauen. Plinius schreibt, dass die ägyptischen Priester, die Isis, die Göttin der Unterwelt und der Magie, verehrten, bei ihren Prozessionen Wermutzweige trugen. Ein Zeichen der allgemeinen Wertschätzung des Wermuts war, dass bei den latinischen Festen der Sieger im Wettrennen mit Stiergespannen auf dem Kapitol einen Wermuttrank zu sich nahm. Mönche im Mittelalter mischten Wermut in ihre Tinte, um das Papier später vor Tierfraß zu schützen. Nicht nur in der Heilkunde, sondern auch sonst hatte man viel Verwendung für die Pflanze. So soll sie zur Verhinderung eines Rausches gedient haben und ein beliebtes Mittel gegen Katzenjammer gewesen sein. In R. Minderers Kriegsarzneibüchlein für den Dreißigjährigen Krieg wird das Kraut als einfaches und gutes Floh- und Lausmittel empfohlen (siehe Marginalspalte).

Volksglauben und Brauchtum

Der Wermut zählte zu den „Beschreikräutern", die Schutz vor schwarzer Magie boten. Man glaubte, dass Hexen ihn in ihre Tränke gaben, um ihre Opfer zu täuschen. Seit dem Mittelalter hängte man auf dem Land Wermut neben den Türen auf, um sich gegen Vampire und böse Geister zu schützen. Sehr große Bedeutung hatte der Wermut in Liebesangelegenheiten. Er tröstete bei Liebeskummer und half, den Weltschmerz besser zu verarbeiten. In die Schuhe gelegt, sollte er den Wanderer vor Erschöpfung bewahren. Wer unter Albträumen litt, legte ihn unter das Kopfkissen oder rieb die Haut mit Wermutsalbe ein. Wermut gehört auch zu den Rauchkräutern, die in den Raunächten in den Viehställen gegen Hexen angezündet wurden.

Heilkraft

Der Wermut enthält ätherische Öle, Bitterstoffe (Absinthin, Anabsinthin) und Gerbstoffe. Sie wirken krampflösend, verdauungsfördernd und appetitanregend. Darüber hinaus wirkt Wermut desinfizierend und wurmtreibend bei Faden- und Spulwürmern. <u>Achtung</u>: Wermut nicht ohne Rücksprache mit dem Arzt einnehmen!

Kultivierung

Im Garten gedeiht der Wermut an einem sonnigen Standort auf kalkhaltigem, durchlässigem Boden; Nässe verträgt er nicht. Die Pflanze lässt sich aus Samen selbst anziehen, man kauft jedoch besser eine Pflanze beim Gärtner und setzt sie an eine Stelle, an der sie sich ausbreiten kann. Wermut sollte nicht neben Fenchel, Zitronenmelisse oder Salbei gepflanzt werden, da er ihr Wachstum hemmt. Dagegen wirkt er in der Nähe von Schwarzen Johannisbeeren vorbeugend gegen Säulenrost, außerdem vertreibt er Erdflöhe und Kohlfliegen. Im Herbst muss die Pflanze kräftig zurückgeschnitten werden.

Ernte

Die Blätter können während der gesamten Vegetationszeit gepflückt werden. Zur Blütezeit sollte man vornehmlich die oberen zarteren Teile des Krauts ernten. Man schneidet die Triebe ab, bündelt sie und hängt sie dann an einem luftigen Ort zum Trocknen auf.

Der Wermut ist in Nordafrika, Asien sowie Mittel- und Südeuropa beheimatet.

Beifuß
Sonnwendkraut, Besenkraut (Artemisia vulgaris)

„Erinner du dich, Beifuß, was du verkündest, was du anordnest in feierlicher Kundgebung. Du, das älteste aller Kräuter, du hast die Macht gegen Gift und Ansteckung und gegen das Übel, das über das Land hinfährt."

(angelsächsischer Krätersegen)

Beifuß kommt auf der gesamten nördlichen Halbkugel vor. Er ist häufig an Bahndämmen, auf Schutthalden, an Bachufern und Waldrändern zu finden. Beifuß ist eine schnellwüchsige, ausdauernde Pflanze, die kräftige Ausläufer treibt und bis 150 cm hoch werden kann. An den kahlen Stängeln sitzen verschiedenartig gefiederte, oberseits dunkelgrüne, unterseits weiß- bis graufilzig behaarte Blätter und gelbliche, filzig behaarte, in langen Rispen stehende Blütenköpfchen. Blütezeit ist von Juli bis September.

Geschichte und Mythologie

Seit der Antike gilt Beifuß als Frauenheilmittel zur Regelung des Zyklus. Im 1. Jahrhundert wird er in römischen Schriften beschrieben. Römische Soldaten sollen den am Straßenrand wachsenden Beifuß beim Vorbeimarsch in ihre Sandalen eingelegt haben. Und in einem Kräuterbuch von 1656 hieß es: „Wenn ein Fußreisender am Morgen Beifuß in seine Schuhe steckt, kann er bis Mittag vierzig Meilen laufen, ohne müde zu werden." Die Germanen verwendeten ihn als Würzkraut im Bier. Durch die rote Farbe des ätherischen Öls entstand ein rotes, stark berauschendes Bockbier. Bei den nordischen Völkern, besonders bei den Angelsachsen und den keltischen Druiden, stand das Kraut in hohem Ansehen. Es war eines der neun Kräuter, die vor Giften und Unheil schützen sollten. Es galt als „Mutter aller Kräuter" und diente als Mittel bei Hexereien und Fruchtbarkeitsritualen. Die Menschen bedeckten den Körper und Kopf mit Beifußblättern, um Ungeheuer und Verzauberungen abzuwehren. Noch heute trägt man auf der Isle of Man am Nationalfeiertag (5. Juli) Beifuß mit sich.

Volksglauben und Brauchtum

Beifuß wurde als Sonnwendgürtel gebraucht. Wer ihn in der Sonnwendnacht ins Johannisfeuer warf, konnte mit „einem Jahr Gesundheit" rechnen. Wurde das Kraut am Johannistag gepflückt, war es am wirksamsten. Ein anderer Glaube besagt, dass am Johannistag auch unter der Beifußwurzel Kohlen gefunden werden können. Wurden diese unter bestimmten Beschwörungsformeln gehoben, sollten sie sich in Gold verwandeln. Wer Beifuß bei sich trug, der konnte nicht berufen werden, dem konnten weder Hexen noch der Teufel Schaden zufügen. Die über die Haustür gehängte Beifußwurzel schützte Haus und Hof vor Feuer und Hexen. Heiratslustige Witwen verwendeten Beifuß als Liebeszauber und trugen ihn stets bei sich.

Zauberpflanzen im Porträt

Heilkraft

Beifuß enthält ätherische Öle, Gerb- und Bitterstoffe. Sie wirken appetitanregend und krampflösend. Er ist bekömmlich für den empfindlichen Magen und hilft bei allen Magenerkrankungen, vor allem bei Magenschleimhautentzündungen. Er regt die Verdauung an und aktiviert die Lebertätigkeit. Äußerlich angewandt lindert er Gichtschmerzen.

Kultivierung

Im Garten gedeiht der Beifuß auf einem trockenen, durchlässigen und kalkarmen Boden an einem sonnigen Platz. Am besten kauft man Jungpflanzen, die man im Frühling oder Herbst durch Teilung des Wurzelstocks vermehrt. Der Stock kann alle 2–3 Jahre geteilt werden, so bleiben die Pflanzen gesund und sterben nicht innen ab.

Ernte

Die Blätter werden während der gesamten Vegetationsperiode gepflückt. Noch vor der Blütezeit schneidet man die oberen Triebspitzen. Sie werden frisch verwendet oder zu Bündeln zusammengefasst und an der Luft zum Trocknen aufgehängt.

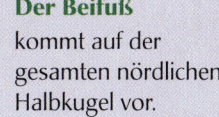

Der Beifuß kommt auf der gesamten nördlichen Halbkugel vor.

Ringelblume
Goldblume, Totenblume (Calendula officinalis)

> „Die Ringelblume ist kalt und feucht, und sie hat starke Grünkraft in sich, und sie ist gut gegen Gift. Denn wer Gift isst oder wem es verabreicht wurde, der koche Ringelblume in Wasser und nach Ausdrücken des Wassers lege er sie so warm auf seinen Magen..."
> (Hildegard von Bingen)

Die Ringelblume ist im Mittelmeerraum und Asien beheimatet und wurde weltweit als Gartenblume kultiviert. Sie wächst wild auf Schutthalden. Die einjährige, bis 60 cm hohe, buschige Pflanze aus der Familie der Korbblütler hat einen aufrechten, filzig behaarten Stängel mit fein behaarten, wechselständigen, ungeteilten Blättern. Am Ende der Triebe stehen einzeln cremegelbe bis tief orangefarbene Blütenkörbchen. Die zungenförmigen Strahlenblüten stehen in zwei oder drei Reihen rundherum und wölben sich bei Nacht oder Regen schützend über das Körbchen. Wenn man die Ringelblume pflückt, tritt aus den Stängelenden ein klebriger Saft aus, der einen herben, würzigen Duft verbreitet. Blütezeit ist von Juni bis Oktober.

Geschichte und Mythologie

Schon seit dem Altertum zählt die Ringelblume zu den wichtigsten Heilpflanzen, man glaubte, sie könne böse Gedanken vertreiben. In der indischen und arabischen Kultur, bei den Griechen und Römern wurde die Ringelblume als Heilkraut, zum Färben von Gewebe und zum Würzen verwendet. Die alten Griechen schmückten sich bei Hochzeitsfeiern mit Ringelblumenkränzen. Die Hindus schmückten bei Leichenverbrennungen die Scheiterhaufen mit der Pflanze. Bei den Ureinwohnern Mexikos galt die Ringelblume als Todespflanze. Sie glaubten, sie wäre dem Blut entsprungen, das ihre Landsleute vergossen hatten, als die spanischen Eroberer auf die Suche nach Gold gingen. In einem Kräuterbuch aus dem 12. Jahrhundert stand, dass allein das Betrachten der Pflanze bereits den Kopf befreien und für eine heitere Stimmung sorgen würde. Im 13. Jahrhundert wurde sie wohl hauptsächlich bei der Bekämpfung der Pest verwendet. Schon Paracelsus verwendete die Pflanze als Medizin, und sie wird in der „Physika" der Hildegard von Bingen beschrieben. Im amerikanischen Sessionskrieg rettete sie vielen Verwundeten das Leben. So schrieb damals ein Feldarzt: „In Fällen zerstörter Haut benutzte ich regelmäßig Calendula und sie heilte wunderbar schnell, denn die Wundreinigung beugte einer Blutvergiftung vor."

Volksglauben und Brauchtum

Die Ringelblume symbolisierte Anmut und Schönheit sowie treue Liebe. Sie ist auch ein Symbol für die Unvergänglichkeit, weil sie den ganzen Sommer und Herbst über blüht. Das Abpflücken der Blume sollte allerdings Gewitter heraufbeschwören. Die Pflanze ließ sich auch zur Liebesweissagung im Traum verwenden. Sie wurde gemeinsam mit Sommerkräutern getrocknet, gemahlen und mit Honig und Essig zu einer Salbe verarbeitet. Junge Frauen trugen diese Salbe auf, bevor sie zu Bett gingen und riefen den Heiligen Lukas an, dass er sie von ihrer großen Liebe träumen lasse. Für die Bauern ließ sich mit

Hilfe der Ringelblume das Tageswetter voraussagen. Waren die Blüten zwischen 6 und 7 Uhr bereits geöffnet, versprach dies einen sonnigen Tag. Waren sie jedoch nach 7 Uhr noch geschlossen, war mit Regen zu rechnen. Die Pflanze zählte aber auch zu den „Totenblumen." Wer sie verschenkte, glaubte, dass der Beschenkte bald sterben müsse. Also pflanzte man sie lieber auf die Gräber, da konnte sie nichts mehr anrichten.

Heilkraft

Die Ringelblume enthält antiseptische, pilzbekämpfende und antibakterielle Wirkstoffe, äußerlich anzuwenden bei Sonnenbrand, trockener Haut, Ekzemen, Herpes und Fußpilz. Kompressen oder Umschläge helfen bei Warzen, Hühneraugen und Schwielen.

Kultivierung

Im Garten braucht die Ringelblume einen sonnigen Platz mit einem mittelschweren, nicht zu sandigen oder zu feuchten Boden. Von April bis Juni wird direkt ins Freiland an Ort und Stelle ausgesät. Der Abstand sollte 20 bis 30 cm sein, sonst werden die Pflanzen leicht von Mehltau befallen. Die Pflanzen säen sich auch von selbst aus, die Blüten verlieren aber im Laufe der Zeit an Fülle, Farbe und Größe. Die Ringelblume ist ein guter Gründünger und eignet sie sich auch sehr gut zur Schneckenabwehr.

Ernte

Man pflückt die geöffneten Blüten bei sonnigem Wetter zum frischen Gebrauch oder trocknet sie rasch, jedoch ohne Anwendung von künstlicher Wärme an einem luftigen Ort. Man verwendet entweder die Strahlenblüten allein oder die ganzen Blüten. Zum frischen Gebrauch werden die jungen Blätter geerntet.

Die Ringelblume ist im Mittelmeerraum und Asien beheimatet und wurde weltweit als Gartenblume kultiviert.

Ringelblume

Tausendgüldenkraut
Fieberkraut, Magenkraut (Centaurium erythraea)

> „Überdrüssig meiner Schulden will ich ein paar Tausend-Gulden-Kräuter in den Garten pflanzen. Jahr um Jahr will ich den ganzen Guldenschatz zusammenlegen, Kunst und Wissenschaften pflegen, und zum Kummer meiner Erben einst als Kräuterkrösus sterben."
> (Karl-Heinrich Waggerl, Heiteres Herbarium)

Das streng geschützte Echte Tausendgüldenkraut ist in fast ganz Europa mit Ausnahme des nordwestlichen Skandinaviens verbreitet. Es kommt zerstreut auf sonnigen, halbtrockenen bis frischen Wiesen und Waldlichtungen bis in Höhenlagen von gut 1200 m vor. Das Tausendgüldenkraut ist eine meist einjährige, 10 bis 50 cm hohe Pflanze aus der Familie der Enziangewächse. Aus einer grundständigen Blattrosette bildet sich ein vierkantiger Stängel mit kreuzgegenständig angeordneten, eiförmigen bis ovalen Blättern. Die in Trugdolden angeordneten rosafarbenen Blüten öffnen sich in der Sonne sternförmig. Blütezeit ist von Juli bis September.

Geschichte und Mythologie

Die Bezeichnung *Centaurium* ist aus dem griechischen Wort „kentaúreion" entstanden, womit in der griechischen Mythologie ein Mischwesen aus Pferd und Mensch benannt wurde. Die Kentauren (oder Zentauren) galten als besonders heilkundig. So soll nach Plinius der Zentaur Chiron mit dieser Pflanze eine Pfeilwunde in seinem Fuß geheilt haben. Der Name wurde bald volksetymologisch als „centum aurei" (hundert Goldstücke) umgedeutet. Daraus entwickelte sich der deutsche Name „Hundertguldenkraut", der bis ins 16. Jahrhundert so belegt ist. Die spätere Bezeichnung „Tausendgüldenkraut", zeigt, welch hohe Wertschätzung dieser Pflanze entgegengebracht wurde. Die Römer nannten sie wegen ihres bitteren Geschmacks „Herba felis terrae", was „Erdgallenkraut" bedeutet. Die ärztliche Anwendung des Tausendgüldenkrauts lässt sich bis zu den Hippokratikern (5. und 4. Jhd. v. Chr.) zurückverfolgen. Dioskurides empfahl es als Augen- und Wundheilmittel.

Volksglauben und Brauchtum

Der Sage nach erhielt das Tausendgüldenkraut den Namen „Fieberkraut", weil einst ein reicher Mann armen Leuten 1000 Gulden versprach, wenn sie ihm eine Pflanze gegen Fieber nennen würden. Im Mittelalter galt Tausendgüldenkraut als Universalheilmittel: „Wenn du Tausendgüldenkraut siehst, darfst du es niemals ungepflückt lassen. Selbst wenn du als Reiter auf dem Pferde daherkommst, so musst du anhalten, vom Pferd steigen, das Kräutlein pflücken und zu dir nehmen." Begegnete ihm auf seinem weiteren Weg ein Frauenzimmer, so musste dieses die Pflanze in der Hand des Reiters küssen. Tausendgüldenkraut galt aber auch als geldvermehrend. Man pflückte es am Johannistag beim Mittagsläuten, trug es in der Börse mit sich, und das Geld ging einem nie aus. Zum Schutz vor Unwetterschäden und Blitz wurde das Kraut am Hausgiebel befestigt.

Heilkraft

Das Tausendgüldenkraut wirkt in erster Linie gärungshemmend, es regt die Tätigkeit der Magen-, Darm- und Speicheldrüsen an und stimmt die ganze Magen- und Darmtätigkeit gründlich um. Vor allem fördert es den Stuhlgang, beseitigt Verstopfung und leitet Magengase und Stauungen ab. Es stellt also in Magen und Darm wieder die natürliche Ordnung her und bewirkt, dass die Verdauung richtig funktioniert,

Kultivierung

Im Garten bevorzugt die Pflanze einen halbschattigen Standort mit trockenem, sandigem Boden. Jungpflanzen sind im Gartenfachhandel erhältlich. Aber auch bei optimalem Standort gedeiht das Tausendgüldenkraut nicht in jedem Garten. Man könnte es durchaus als launisch bezeichnen. Wenn es sich jedoch an einem Standort wohlfühlt, braucht es nicht mehr viel Pflege.

Ernte

Geerntet wird das ganze Kraut während der Blüte. Man schneidet es über der Grundrosette ab, bündelt es und hängt es dann an einem luftigen Ort zum Trocknen auf.

Das streng geschützte Tausendgüldenkraut ist in fast ganz Europa mit Ausnahme des nordwestlichen Skandinaviens verbreitet.

Schöllkraut
Schwalbenwurz, Warzenkraut (Chelidonium majus)

> „Das Schöllkraut ist sehr warm und enthält einen giftigen und schleimigen Saft. Denn es hat ein so schwarzes und herbes Gift in sich, dass es dem Menschen keine Gesundheit verleihen kann, denn wenn es irgendwie dem Menschen Gesundheit gäbe, würde es ihm auf andere Weise innerlich größere Krankheit verleihen."
> (Hildegard von Bingen)

Ursprünglich kam das Schöllkraut in den gemäßigten und warm temperierten Gebieten Europas und Asiens sowie im Mittelmeerraum vor. Nach Nordamerika wurde es von Siedlern mitgenommen, die es als Heilmittel bei Hautkrankheiten verwendeten. Es wächst in der Nähe von menschlichen Wohnstätten, auf Schuttplätzen, an Wegesrändern und sogar in Mauerspalten, bis ins Gebirge. Die ausdauernde, 30 bis 100 cm hohe Staude aus der Familie der Mohngewächse hat verzweigte, leicht behaarte Stängel, die behaarte, wechselständige, unten gefiederte, oben nur noch fiederspaltige, bläulichgrüne Blätter und leuchtend goldgelbe Blüten tragen. Die Blütezeit ist von April bis September.
<u>Achtung</u>: Alle Pflanzenteile enthalten einen orangegelben, ätzenden Milchsaft, der bei Kontakt die Haut braun verfärbt.

Geschichte und Mythologie

Bereits in der Antike bestrich man mit der orangefarbenen Milch des Schöllkrauts Hühneraugen und Warzen. Theophrast erwähnt in seinem Werk „Naturgeschichte der Gewächse" eine Heilpflanze mit der Bezeichnung „chelidonion". Auch später finden sich Beschreibungen von Dioskurides und Plinius, die dem Schöllkraut, dem Aussehen als auch dem Namen nach sehr ähnlich sind. Sicher ist auch eine Erwähnung der Pflanze im Jahre 594 durch Isidor, den Bischof von Sevilla. Die wohl geläufigste Schilderung des Schöllkrauts findet sich im Mittelalter im „New Kreuterbuch" von Hieronymus Bock. Er schreibt: „Der bitter Safft des Schöllkrauts und Wurzel ist bissiger Natur. Er eröffnet inerlich gebraucht die verstopffte Leber, reinigt auswendig faule Wunden und macht klare Augen.

Volksglauben und Brauchtum

Bei einer so alten Heilpflanze verwundert es nicht, dass sie Einzug in den Volksglauben und in die Zaubermedizin gefunden hat. Die alten Alchemisten glaubten sogar mit Hilfe des Schöllkrauts Gold gewinnen zu können. Die Pflanze galt auch als Sinnbild für ein ausgeglichenes Leben. Man empfahl daher zum Beispiel Cholerikern, die getrockneten Wurzeln der Pflanze um den Hals zu tragen. Der goldgelbe Saft des Krauts sollte Gelbsucht heilen können. Dazu füllte man 3 bis 9 Wurzeln zusammen mit ebenso vielen Wachsstückchen von geweihten Kerzen in ein Säckchen und trug es unter den Kleidern auf dem Rücken. So viele Wurzelstückchen, so viele Vaterunser mussten täglich gebetet werden. Nach neun Tagen warf man das Säckchen rückwärts ins Wasser, und die Gelbsucht sollte verschwunden sein. Der Saft fand aber vor allem auch zum Vertreiben von Warzen Verwendung. Er wurde bei abnehmendem Mond auf die Warzen geträufelt und dies so oft, bis die Warzen verschwunden waren. Zuvor aber musste das Kraut auf dem Friedhof gesammelt werden.

Heilkraft

Das Schöllkraut enthält verschiedene Alkaloide, Saponine, ätherisches Öl, Carotinoide. Sie wirken bei innerlicher Anwendung krampflösend, zentralberuhigend, bei äußerlicher Anwendung leicht ätzend, antibakteriell. <u>Achtung</u>: Prinzipiell ist bei der Anwendung ärztlicher Rat einzuholen.

Kultivierung

Das Schöllkraut stellt keine großen Ansprüche an den Boden und wächst sogar auf sehr kiesigem Grund. Am liebsten steht es entlang der Hauswand oder entlang einer Mauer an einer schattigen Stelle. Die Vermehrung erfolgt im Frühjahr durch Aussaat. Die Samen werden von Ameisen verschleppt. Vom Schöllkraut sind Samen und Pflanzen erhältlich.

Ernte

Geerntet werden das blühende Kraut und die Wurzel. Wegen des schwach giftigen, ätzenden Milchsaftes ist beim Sammeln Vorsicht geboten. Kraut und Wurzel kommen getrocknet in Teemischungen zur Anwendung.

Das Schöllkraut kam ursprünglich in den gemäßigten und warm temperierten Gebieten Europas und Asiens sowie im Mittelmeerraum vor.

Römische Kamille
Gelbe Kamille, Badekamille (Chamaemelum nobile)

„Es stillet die Kamille das Stechen und benimmt das Keichen, öffnet die verstopfte Milz und vertreibet den Geschwulst des Magens."

(nach einem Kräuterbuch aus dem Jahre 1733)

Die Römische Kamille kommt in Westeuropa vor, nördlich bis Nordirland. In Südeuropa und im mittleren Südeuropa ist sie teilweise eingebürgert, ebenso in Nordwestafrika. Man findet sie auf Weideland und anderen grasigen Plätzen auf sandigem Boden. Die mehrjährige, winterharte, krautige Pflanze aus der Familie der Korbblütler riecht intensiv aromatisch und erreicht Wuchshöhen von 15 bis 30 cm. Ihre Blätter sind sitzend, haben einen länglichen Umriss und sind zwei- bis dreifach fiederschnittig. Die weißen Blüten haben ein gelbes Inneres. Die Blütenköpfchen stehen einzeln endständig und sind lang gestielt. Ihr Durchmesser beträgt 18 bis 25 mm. Die Hülle der Körbchen ist 4 bis 6 mm lang und halbkugelig. Blütezeit ist Juni bis Oktober.

Geschichte und Mythologie

Seit Jahrhunderten ist die Römische Kamille eine wichtige Heilpflanze in der Volksmedizin. Für die Priester im alten Ägypten, die ihr Leben der Pflege der Kranken widmeten, war sie eine heilige Pflanze, die sie ihren Göttern und der Sonne weihten. Die Römer verwendeten die Kamille als Mittel gegen Schlangenbisse. Die Angelsachsen nannten die Kamille „maythen" und erwähnten sie als eines der neun heiligen Kräuter in der „Lacnunga", einer Sammlung altenglischer Texte, die Anweisungen zu Heilmethoden gaben, von denen viele auf Zaubersprüche und Segen zurückgreifen. In der deutschen Sage stellten die Kamillenblüten die Seelen unglücklicher Soldaten dar, die unter einem Fluch starben. Im 19. Jahrhundert setzte man die Pflanze als Chininersatz zur Behandlung von Malaria ein. Schwindsüchtige sollten sich in die Nähe von Kamillenbeeten setzen und den Duft der Pflanze einatmen.

Volksglauben und Brauchtum

Im Volksglauben nimmt die Kamille einen überragenden Platz ein. Dankbar verbeugte man sich vor der Pflanze, pflückte sie ehrfurchtsvoll und hängte sie an Türen und Ställen als Schutzmittel gegen Seuchen, Blitz und Unwetter auf. Als „Mutterkraut" spendete sie vornehmlich den Frauen ihre Heilkraft. So hieß es von ihr, dass „jedes Frauenzimmer vor einer am Wege stehenden Kamille einen Knicks machen solle". Die Kamille soll in der Johannisnacht gepflückt werden, da so die volle Heilkraft erreicht werde. Es war Brauch, am Johannistag, dem 24. Juni, einen Kamillenkranz zum Schutz vor Sturm und Gewitter an die Haustüre zu hängen. Die Sonnwendfeuer wurden mit aromatischen Pflanzen, darunter auch der Kamille, angeheizt. Man glaubte, der Rauch hätte Zauberkräfte, die alles Unglück abwenden könnten. Legte man sie zu „kranken" Pflanzen, wurden diese ebenso geheilt.

Kamille war als heißes Getränk, Badezusatz oder Umschlag ein besonders wertvolles Heilmittel gegen Blähungen, Krämpfe und Koliken, darüber hinaus als Gurgelwasser und Wundheilmittel beliebt. Natürlich fand die Pflanze auch den Weg in den beliebten „Krautwisch", so heißt im Rheinland der aus verschiedenen Blumen und Früchten bestehende Strauß, der in der Kirche am Fest Mariä Himmelfahrt geweiht wird, weshalb es in manchen Gegenden auch „Krautwischtag" genannt wird.

Heilkraft

Die getrockneten Blütenköpfe der Kamille enthalten 1% eines aromatischen Öls, das antiseptische und entzündungshemmende Eigenschaften hat. Als Tee regt die Kamille den Appetit an. Eine Kamillenlösung hilft bei Entzündungen der Mundschleimhaut.

Kultivierung

Alle Kamillenarten bevorzugen einen durchlässigen Boden und sonnigen Standort. Als Rasenpflanzung ist die Römische Kamille besonders trittfest, aber aufwändiger in der Pflege als normaler Rasen. Der Platz dafür muss gut vorbereitet werden. Der Boden sollte leicht, etwas sauer und frei von Unkraut sein. Die jungen Pflanzen werden in Schalen gesetzt. Ein Kamillenrasen sollte in den ersten 12 Wochen nicht betreten werden. Danach kann man darauf sitzen und den wunderbaren Duft genießen.

Ernte

Die Blätter werden für den frischen Gebrauch oder zum Trocknen im Frühling oder Frühsommer geerntet. Die Blüten pflückt man, wenn sie vollkommen geöffnet sind. Sie lassen sich frisch oder getrocknet verwenden.

Der Mensch jedoch in seiner Pein, glaubt nicht an das, was allgemein zu haben ist. Er schreit nach Pillen. Verschont mich, sagt er, mit Kamillen, um Gotteswillen.

(Karl Heinrich Waggerl „Heiteres Herbarium")

Die Römische Kamille kommt in Westeuropa vor, nördlich bis Nordirland.

Römische Kamille

Wegwarte
Verzauberte Jungfrau, Zichorie (Cichorium intybus)

„Eine handvoll Wegwart in wasser gesotten und getruncken führt aus die gallen und weissen schleim durch den Stuhlgang..."

(aus dem Kräuterbuch des Hieronymus Bock, 1565)

Die Wegwarte wächst fast überall in Europa auf Weideflächen, Brachland und an Wegrändern. Die ausdauernde, krautige Pflanze erreicht eine Wuchshöhe von 30 bis 140 cm. Sie besitzt eine tief reichende Pfahlwurzel, die Stängel stehen sparrig-ästig. Die 8 bis 25 cm langen Grundblätter und die unteren Stängelblätter sind unterseits borstig behaart. Die Blütenköpfchen bestehen nur aus Zungenblüten, sie haben einen Durchmesser von 3 bis 5 cm, die seitlichen stehen meist zu zweit bis fünft. Die Köpfchenhülle ist zweireihig, wobei die äußeren Hüllblätter kürzer sind und deutlich abstehen. Die Hüllblätter sind meistens drüsenhaarig, die Zungenblüten himmelblau, selten auch weiß gefärbt. Die auffälligen Blütenstände sind nur vormittags geöffnet. Blütezeit ist von Juni bis Oktober.

Geschichte und Mythologie

Erste schriftliche Überlieferungen zur Wegwarte findet man in ägyptischen Papyrustexten aus dem 4. Jahrtausend vor Christus. Bei den Griechen und Römern galt die Wegwarte als wichtige Heilpflanze, und Plinius rühmte sie als wertvolle Speisepflanze. Paracelsus empfahl sie als schweißtreibendes Mittel. Ab dem 17. Jahrhundert wurden die getrockneten, gerösteten, gemahlenen Wurzeln für die Zubereitung von Getränken genutzt, während der beiden Weltkriege dienten sie als Kaffeeersatz. Um diese, immer wieder in Märchen, Liedern und Gedichten auch als „Blaue Blume der Romantik" besungene Pflanze rankt sich eine schöne Legende. Die Geliebte eines jungen Ritters, der an einem Kreuzzug teilnahm, wartete am Wegrand vor dem Stadttor mit ihren Hofdamen auf seine Rückkehr. Doch der untreue Ritter kam nicht mehr zurück. Auch als sie nicht mehr an eine Rückkehr des Ritters glaubte, weigerte sich das Burgfräulein, die Hoffnung aufzugeben. Und so konnte man diese kleine Gruppe noch lange Tag für Tag vor dem Stadttor warten sehen. Schließlich hatte der Himmel ein Einsehen. Das Burgfräulein wurde mit seinen Hofdamen in Blumen - Wegwarten - verwandelt, wobei die Hofdamen in blaue und die unglückliche Geliebte in eine weiße Wegwarte verwandelt wurden. Nach dem 1. Weltkrieg allerdings erscheint in Sagenfassungen die Geliebte dann nicht als untreu, sondern als im Krieg gefallen.

Volksglauben und Brauchtum

Wahre Wunder traute man der Wurzel der „Verzauberten Jungfrau" zu, wenn sie am Tag von St. Peter mit einem Hirschgeweih ausgegraben wurde. Wer sie bei sich trug, verfehlte beim Schießen niemals das Ziel und war selbst vor jeder Kugel sicher. In Schwaben sagte man, die Wurzel der weiß blühenden Wegwarte habe nicht nur die Kraft, Dornen und Splitter aus dem Fleisch zu treiben, sondern sie mache auch gefeit gegen Degen und Spieße, wenn man ein Stück davon in der rechten Westentasche trage. Sie sollte auch als „Springwurzel" Türen und Schlösser öffnen. Wer eine weiße Wegwarte fand, musste sie sogleich an einem Stab festbinden, sonst war sie am nächsten Tag verschwunden. Wegwarten galten auch als verzauberte Menschen, und zwar waren die blauen böse und die weißen gute Leute. Und Paracelsus meinte, dass ihre Kraft im Sonnenschein am stärksten wirke, sich aber die Wurzel nach sieben Jahren in einen Vogel verwandle.

Heilkraft

Die Wegwarte regt den Gallenfluss an und kann bei Gallensteinen helfen. Sie wirkt harntreibend und wird zur Behandlung von Rheuma und Gicht verwendet, da sie den Harnsäurewert senkt. In Form von Sirup eignen sich die Wurzeln als gutes Abführmittel für Kinder.

Kultivierung

Im Garten braucht die Wegwarte einen trockenen, sonnigen Platz mit leicht alkalischer Erde. Wer die Wurzeln ernten möchte, muss den Boden tief umgraben. Ausgesät wird im Frühjahr. Ab Sommermitte bis Sommerende werden die aufgegangenen Sämlinge in einem Abstand von 25 cm ausgedünnt. Der Wuchs nach der Selbstaussaat kann so üppig werden, dass sich sie Pflanzen wie Unkraut ausbreiten.

Ernte

Für den frischen Gebrauch pflückt man die jungen Blätter, zum Trocknen werden sie vor der Blüte geerntet. Die Blüten werden im Frühsommer gepflückt, sie lassen sich frisch oder getrocknet verwenden. Die Wurzeln bleiben bis zum Herbst in der Erde. Nach der Ernte kürzt man sie auf 20 cm ein, entfernt alle Seitentriebe und Blätter und lagert sie in trockenem Sand an einem dunklen Ort.

> „Die Wegwart mit einem Goldstück ausgraben unter Anrufung der Dreieinigkeit, ist ein Schutzmittel gegen allerhand Zauber."
> (fränkischer Zauberspruch)

Die Wegwarte wächst fast überall in Europa auf Weideflächen, Brachland und an Wegrändern.

Wurmfarn

Hexenleiter, Hurenkraut (Dryopteris filix-mas)

„Wir gehen unsichtbar, denn wir haben Farnsamen bekommen!"

(aus „Heinrich IV. von W. Shakespeare)

Der Wurmfarn kommt fast auf der ganzen Erde vor und ist häufig in frischen Wäldern, Gebüschen, Hochstaudenfluren, Waldschlägen sowie in der Nähe von Sümpfen vom Tiefland bis in die subalpine Höhenstufe zu finden. Dort bildet er große Bestände. Die Wedel dieses bis in den Winter grün bleibenden Farns sind in einer trichterförmigen Rosette angeordnet. Sie erreichen eine Länge von 30 bis 160 cm. Der kurze Blattstiel ist locker mit gelbbraunen Spreuschuppen besetzt. Das Blatt ist zweifach gefiedert und läuft spitz zu; die Verschmälerung zum Grund hin ist weniger ausgeprägt. Die abgerundeten Fiederblättchen sind am Rand scharf gesägt. Die Fiederspindel, also die Mittelrippe eines gefiederten Blattes, ist am Grund ohne violette Färbung. Die Sporenbehälter sitzen zweireihig auf der Unterseite der sporentragenden Wedel. Die Sporen werden von Juli bis September verbreitet.

Geschichte und Mythologie

Farne wurden schon immer als sehr mystische, zauberkräftige Pflanzen verehrt. Sie galten als heilige Pflanzen, die für verschiedene magische Zwecke verwendet wurden. Warum für die Menschen das Farnkraut als Zauberkraut galt, hat verschiedene Ursachen. Zum einen dürfte die spiralige Form des jungen Krauts verantwortlich dafür sein. Das Symbol der Spirale ist ein altes, sehr bedeutungsvolles Symbol. Es steht für fortlaufendes Wachstum, Weiterentwicklung auf immer höherer Ebene, aber auch für den immerwährenden Kreislauf des Lebens. Schon immer galt die Spirale als Symbol für das Leben und für das Glück. Und so galt auch das Farnkraut, das sich spiralförmig entrollt, als glückbringendes und lebenserhaltendes Kraut. Besondere Bedeutung kommt auch den Farnsporen zu, die an der Unterseite des Farnwedels sitzen und goldgelben Staub enthalten. Sie beinhalten ja das Geheimnis der Fortpflanzung des Farns, denn der Farn bildet keine Blüten und Samen wie alle anderen Pflanzen aus. Auch dieser Umstand war für die früheren Menschen wohl sehr „zauberhaft". Jedenfalls galten diese Farnsporen als besonders zauberkräftig.

Volksglauben und Brauchtum

Es wurde erzählt, dass der Farn nur in der Johannisnacht blühe und in dieser Nacht den so begehrten und seltenen Samen abwerfe. Wer diesen besaß, hatte Glück in allen Unternehmungen und sollte sich angeblich auch unsichtbar machen können. Um diesen Samen zu bekommen, musste man auf einer Kreuzung die Nacht abwarten und durfte sich nicht rühren, sonst wurde man vom „Leibhaftigen" in Stücke gerissen. Dann sollte man sieben Kreuze von grünen Holunderzweigen um den Farn herum in die Erde stecken, sich entkleiden und die Kleider unter den Farnblättern ausbreiten. Um Mitternacht ließ dann das Farnkraut seine Samen darauffallen. Nun brauchte der Besitzer weder Tod noch Teufel zu fürchten. Farn galt auch als Irrkraut, wer zu nächtlicher Stunde achtlos darüberschritt, verlor unversehens Weg und Steg, und der Teufel trieb mit ihm allzu gerne sein Spiel.

Heilkraft

Der Wurmfarn enthält Gerb- und Bitterstoffe, ätherisches Öl und wurmwirksame Substanzen. Er wurde früher als Mittel gegen Bandwürmer eingesetzt. Da aber die Gefahr von Leberschädigung besteht, wird er hier nicht mehr verwendet, sondern durch synthetische Präparate ersetzt.

Kultivierung

Im Garten braucht der Farn einen halbschattigen bis schattigen Platz und einen mäßig feuchten, nährstoff- und humusreichen Boden. Ältere Pflanzen lassen sich gut im Frühjahr oder Herbst teilen, auch eine Vermehrung aus Sporen ist möglich. Der Wurmfarn ist absolut pflegeleicht und gut zum Verwildern geeignet. Er muss nur bei lang anhaltender Trockenheit gegossen werden. Am richtigen Standort kann er Jahrzehnte lang gedeihen.

Ernte

Die frischen Blattwedel werden im Frühjahr geerntet, die Wurzeln im Herbst ausgegraben und unzerkleinert schonend getrocknet.
<u>Achtung</u>: Da der Farn leicht giftig ist, sollte man jedoch von Selbstversuchen mit selbst zubereiteten Mitteln unbedingt Abstand nehmen. Äußerlich angewendet ist der Farn ungiftig.

> „Farnsaft ist zur Weisheit gesetzt ... und daher flieht und meidet ihn alles Üble und Magische. Denn in welchem Hause auch der Farn ist, dort können Gifte und Phantastereien nicht zur Vollendung gelangen."
> (Hildegard von Bingen)

Der Wurmfarn kommt fast auf der ganzen Erde vor und ist häufig in frischen Wäldern zu finden.

Fenchel

Brotsamen, Fenikel (Foeniculum vulgare)

„Es wissen die Köch und etliche sorgsame Haußmütter den Fenchel auf mancherley Weiß zu den Speisen zu bereiten."

(aus dem Kräuterbuch des Jacob Tabernaemontanus 1588)

Der Fenchel wächst wild im Mittelmeergebiet und in Kleinasien. Die ein- bis zweijährige Pflanze aus der Familie der Doldengewäche ist mit einem dicken, verholzenden Wurzelstock im Boden verankert und wird bis 200 cm hoch. An den glänzenden, gestreiften, sich im oberen Teil verzweigenden Stängeln sitzen mehrfach fiederschnittige Blätter und große Blütendolden mit vielen gelben Einzelblüten, die gerippte Samen bilden. Blütezeit ist Juli bis September. <u>Achtung</u>: Wegen der Verwechslungsgefahr mit giftigen Doldenblütlern Samen und Kraut nicht aus der Natur sammeln.

Geschichte und Mythologie

Der Fenchel war bereits den Ägyptern, Griechen und Römern als Heilpflanze bekannt. Die Ägypter nutzten den Samen gegen Husten und die Wurzeln zur Behandlung von Magenkrankheiten. Die Griechen setzten ihn bei Fastenkuren ein, die olympischen Kämpfer verzehrten ihn, um für den Wettkampf kräftig zu werden. Der Sage nach trug Prometheus, als er mit dem Feuer vom Olymp flüchtete, die Glut in einem hohlen Fenchelstängel. Römische Soldaten aßen ihn, damit sie im Kampf stark und mutig waren. Gladiatoren gaben Fenchel als Stimulans ins Essen, die Sieger wurden mit Fenchelgirlanden geschmückt. Plinius behauptete, Fenchel kläre den Blick für die Schönheit der Natur und könne Menschen mit schlechtem Sehvermögen helfen, wieder zu sehen. Im frühen Mittelalter brachten Mönche das Kraut nach Mitteleuropa. Im 9. Jahrhundert befahl Karl der Große den Anbau in den Gärten seiner Hofgüter. Als die Portugiesen die Insel Madeira entdeckten, waren sie vom überwältigenden Duft des dort wachsenden wilden Fenchels tief beeindruckt. Sie nannten den Ort, an dem sie an Land gingen, „Funchal", abgeleitet von „funcho", dem portugiesischen Wort für Fenchel.

Volksglauben und Brauchtum

Fenchel gehörte zu den neun heiligen Kräutern, die man im Altertum zum Schutz vor bösen Mächten einsetzte. Das Kraut war auch dem Hl. Johannes geweiht. An seinem Namenstag, dem 24. Juni, wurden Fenchelsträuße über Türen und Fenster gehängt, um böse Geister und Hexen abzuwehren. Den Samen steckte man in die Schlüssellöcher von Häusern, in denen es spukte. Um die Potenz anzuregen, gab man im Mittelalter Fenchel in Liebestränke und streute ihn Neuvermählten auf den Weg. Frauen bekamen nach der Entbindung Fenchel geschenkt, um die Fliegen vom Baby abzuhalten und die Milchproduktion anzuregen.

Heilkraft

Fenchel enthält ätherisches Öl, fettes Öl, Eiweiß, Zucker. Sie wirken antiseptisch, krampflösend sowie blähungstreibend. Ungesüßter Fenscheltee ist ein altbekanntes Hausmittel gegen Bauchweh bei Säuglingen und Kleinkindern. Die getrockneten Samen und die getrockneten Blätter helfen bei Blähungen und Bauchweh und wirken harntreibend.

Kultivierung

Im Garten benötigt der Fenchel einen sonnigen Platz mit humosem, kalkhaltigem und durchlässigem Boden. Ausgesät wird von April bis Ende Mai in ein Anzuchtbeet im Freiland. Die einzelnen Saatreihen werden in etwa 30 cm Abstand angelegt. Die Samen kommen 1 cm tief in die Erde. Erst im nächsten Frühjahr werden die Jungpflanzen mit genügend Abstand an den richtigen Standort gesetzt. Sie vermehren sich nach einiger Zeit durch Selbstaussaat.

Ernte

Die jungen, grünen Blätter kann man nach Bedarf ernten. In den Monaten September/Oktober werden die Dolden erntereif. Die braunen Samen klopf man am besten über einem Backblech aus und bewahrt sie dann trocken auf.

> „Die Schlange bekommt im Winter eine neue Haut und streift die alte mit Hilfe des Fenchels ab. Den Menschen dient der Fenchel als Gewürz, auch wird er zur Stärkung schwacher Augen gebraucht, worauf man durch die Beobachtung gekommen ist, dass ihn die Schlangen zu diesem Zweck verwenden." (Plinius)

Der Fenchel wächst wild im Mittelmeergebiet und in Kleinasien.

Fenchel

Johanniskraut
Hartheu, Stolzer Heinrich (Hypericum perforatum)

„Johanniskraut hilft gegen den Schwindel und gegen die fürchterlichen melancholischen Gedanken."

(aus dem Kräuterbuch des Hieronymus Johann Kniphof, 1733)

Das Johanniskraut ist in ganz Europa, mit Ausnahme der Alpen, verbreitet. Man findet es auch in den gemäßigten Klimazonen Asiens. Die Pflanze aus der Familie der Hartheugewächse hat einen weit verzweigten Wurzelstock, aus dem im Frühjahr mehrere bis 80 cm hohe, rötlich gefärbte, am Ende verzweigte Stängel wachsen. Sie tragen kleine, gegenständig stehende, eiförmige Blätter, die durchscheinend von Öldrüsen besetzt sind, sowie Trugdolden aus großen, goldgelben Blättern mit fünfzähligen Kelch- und Kronblättern. Aus dem Fruchtknoten entwickelt sich eine Kapsel, die aufspringt und ab August den vollreifen Samen abgibt.

Geschichte und Mythologie
Das Johanniskraut, das in den Werken von Plinius und Dioskurides zu finden ist, wurde bereits im Altertum als Arzneimittel für psychische Leiden genutzt. Es war außerdem Bestandteil des Allheilmittels, das Kaiser Nero von seinem Arzt Andromachus gegen Vergiftungen erhielt. In den altgermanischen Sonnwendkulturen spielte das Johanniskraut eine wichtige Rolle, denn einerseits weisen Blütenform und -farbe auf die Sonne hin, andererseits galt es als „Lichtbringer". Bei der Christianisierung wurden die Sonnwendzeit und ihre Pflanzen Johannes dem Täufer geweiht, denn die Pflanze beginnt um Johanni (24. Juni) zu blühen und weist dann ihren höchsten Wirkstoffgehalt auf. Nach einer Volkslegende symbolisiert der rote Saft der Pflanze das Blut des Märtyrers Johannes. Die Kräuterbuchautoren des frühen Mittelalters nannten die Pflanze auch *„Corona regia"*, Königskrone, weil ihre Blüten einem himmlischen Strahlenkranz gleichen. Das Johanniskraut wurde von alters her zur Wund- und Schmerzbehandlung eingesetzt. Der Ursprung des griechischen Gattungsnamens ist unklar. Eine Version besagt, dass er von „hyper eikon" (über jede Vorstellung gehend) abgeleitet wird, was auf die große Heilkraft der Pflanze hinweist. Wahrscheinlicher ist jedoch der Bezug zum Titanen Hyperión, der mit Theia den Sonnengott Helios gezeugt hat. Helios (der mancherorts auch Hyperion genannt wird) trägt um das Haupt eine Strahlenkrone und heißt „der Leuchtende". Der Artname *perforatum* bedeutet „durchlöchert" und nimmt Bezug auf die wie von Nadeln zerstochen aussehenden Blüten und Blätter.

Volksglauben und Brauchtum
Das Johanniskraut wurde wie kaum eine andere Pflanze gegen dunkle Mächte und den Teufel eingesetzt. Man trug es um den Hals oder steckte es an den Hut, legte es ins Bett oder räucherte das Zimmer damit aus. Einer Volkssage nach hatte das Hartheu einem Mädchen Schutz geboten,

als es von dem liebeshungrigen Leibhaftigen verfolgt wurde. In seiner Not habe das Mädchen sich an einem Waldrand auf einen Hartheustrauch gesetzt und war gerettet. Der um seinen Lustgewinn gebrachte Teufel habe daraufhin vor Wut die Blätter des Krauts mit lauter Nadelstichen durchlöchert. Um absolute Treffsicherheit zu besitzen, bestrich ein Jäger den Lauf seines Gewehrs mit dem Saft der Pflanze. In vielen Gegenden wurde Johanniskraut auch als Donner- und Blitzkraut verwendet. Man sollte es ins Herdfeuer werfen und dabei den Spruch aufsagen: „Hartheu und Dill machen's Gewitter still."

Heilkraft

Die Inhaltsstoffe des Johanniskrauts wirken kühlend, entzündungshemmend, blutstillend und vor allem nervenberuhigend. Äußerlich angewendet hilft Johannisöl bei Quetschungen, Verbrennungen und tiefen Wunden. Darüber hinaus wird es bei Depressionen, Gürtelrose und Arthritis angewendet. <u>Achtung</u>: Johanniskraut erhöht die Lichtempfindlichkeit der Haut.

Kultivierung

Das Johanniskraut gedeiht auf jedem Boden an einem sonnigen bis halbschattigen Platz. Die Aussaat erfolgt im Frühjahr in Saat- oder Anzuchtschalen, die Keimung erfolgt, abhängig vom Wetter, innerhalb von 10 bis 20 Tagen. Sobald die Sämlinge groß genug sind, werden sie im Abstand von 30 cm ausgepflanzt. Um Selbstaussaat zu vermeiden, schneidet man die Pflanzen im Sommer nach der Blüte zurück. Kräftige Pflanzen werden im Herbst geteilt.

Ernte

Geerntet wird ein- bis zweimal jährlich. Dabei werden die Knospen, Blüten und Zweigspitzen zur Blütezeit gepflückt. Man verwendet sie frisch oder getrocknet.

Das Johanniskraut ist in ganz Europa, mit Ausnahme der Alpen, verbreitet.

Alant
Flohkraut, Helenenkraut (Inula helenium)

„Lasst keinen Tag vergehen, ohne einige der kandierten Wurzeln zu essen, um die Verdauung zu fördern und Frohsinn zu erlangen"

(Kaiser Augustus, 63 v. Chr. bis 14 n. Chr.)

Der Alant stammt ursprünglich aus Asien. Heute wird er von Westeuropa bis Nordamerika kultiviert und wächst wild an Bächen, in feuchten Gräben und Ufergebüsch. Die mehrjährige, ausdauernde Staude aus der Familie der Korbblütler wird bis zu 200 cm hoch, hat einen knollig verdickten Wurzelstock und große ei- bis herzförmige, fein gesägte, unterseits filzig behaarte Blätter. Die großen, hellgelben und in dichten Köpfen stehenden Blüten haben eine gewisse Ähnlichkeit mit dem Löwenzahn. Blütezeit ist von Juli bis September.

Geschichte und Mythologie

Der Legende nach wird der botanische Name auf die schöne Helena zurückgeführt, die den Alant bei ihrer Entführung durch Paris in den Händen gehalten haben soll. Auch den Römern war der Alant bekannt, sie nannten ihn „enula campana" (Alant der Felder). Sie verwendeten ihn in einer kandierten Süßspeise, die sie mit Karmin färbten. Dieser Brauch überlebte die Jahrhunderte, und im Mittelalter verkauften die Apotheker die kandierten Alantwurzeln in kleinen, rosafarbenen Zuckerkuchen, die angeblich bei Asthma und Verdauungsstörungen helfen sowie Mundgeruch verhindern sollten. In England wurde zu Zeiten der Tudors kandierter Alant zur Behandlung von Husten, Schnupfen und Bronchitis eingesetzt.

Volksglauben und Brauchtum

In einem alten angelsächsischen Ritual wurde der Alant sowohl zu Heilzwecken als auch zur Magie benutzt. Medizinmänner gruben die Wurzeln aus, sie durften dabei jedoch nicht mit Elfen, Kobolden und Feen, die ihnen begegnen konnten, sprechen. Die Wurzeln wurden von Predigern besungen und über Nacht unter den Altar gelegt und dann zur Behandlung der „Elfenkrankheit" verwendet. Ein alter Kräutersegen aus dem 11. Jahrhundert berichtet, dass es sich beim Alant um ein probates Mittel gegen Hexenschuss handelt. Doch er half nur dann, wenn man ihn an einem Donnerstag unter Absingen frommer Lieder aufsuchte, ihn mit einem Messer anstach, dieses in der Wurzel stecken ließ und das Kraut aber erst am nächsten Tag vorsichtig ausgrub. Verwenden durfte man es erst, wenn es eine Weile unter dem Altar gelegen und mit Weihwasser abgewaschen worden war. Bei einem weniger religiös orientierten Verfahren wurde der Stein, mit dem man die Pflanze ausgegraben hatte, in die Höhe geworfen und das Kraut herausgerissen, noch ehe der Stein zur Erde gefallen war. Wenn dies nicht gelang, war der Alant ohne Wirkung. Deshalb musste um den Alant zuvor ein Graben gezogen werden. In Skandinavien wird noch heute ein alter Brauch gepflegt: Man steckt Alantblüten in die Mitte eines Kräuterstraußes als Symbol der Sonne.

Heilkraft

Die Inhaltsstoffe des Alants wirken krampf- und schleimlösend, hustenstillend und verdauungsfördernd. Außerdem haben Untersuchungen gezeigt, dass sie Bakterien und Pilze bekämpfen. In der Volksheilkunde wird er hauptsächlich bei Atembeschwerden, chronischer Bronchitis und Keuchhusten eingesetzt.

Kultivierung

Im Garten bevorzugt die Pflanze einen sonnigen bis halbschattigen, windgeschützten Platz und einen humusreichen, feuchten Boden. Am Ende eines Beets vor einer Steinmauer oder einer Wand aus Laubbäumen kommt die Pflanze am besten zur Geltung. Alant vermehrt man durch Aussaat im Frühjahr oder durch Teilung der Pflanze nach der Blüte. In heißen Sommern sollte gegossen werden. Im Herbst wird die Pflanze zurückgeschnitten, um Selbstaussaat zu verhindern. Es ist kein Winterschutz nötig.

Ernte

Im Herbst oder Frühjahr werden nur die Wurzelstöcke dreijähriger Pflanzen geerntet. Zum Trocknen schneidet man sie der Länge nach durch oder in Scheiben. Die Blätter werden nur von jungen Pflanzen geerntet und an der Luft getrocknet.

Der Alant stammt ursprünglich aus Asien. Heute wird er von Westeuropa bis Nordamerika kultiviert.

Lorbeer

Gewürzlorbeer, Edler Lorbeer (Laurus nobilis)

„Man glaubt den König tot. Wir werden nicht bleiben. Die Lorbeerbäume in unserem Land sind alle verdorrt."
(William Shakespeare aus Richard III.)

Ursprünglich war der Lorbeer in Südeuropa beheimatet, heute ist er über die ganze Welt verbreitet. Der Lorbeerbaum ist ein immergrüner Strauch oder Baum aus der Familie der Lorbeergewächse, der eine Höhe von bis zu 10 m erreichen kann. Er ist mit ledrigen, 5 bis 12 cm langen, elliptischen Blättern dicht belaubt. Die Blätter glänzen auf der Oberseite und haben einen aromatischen Duft. Die achselständigen, winzigen, gelben Blüten erscheinen im Frühling und bringen glänzende, blauschwarze Beeren hervor.

Geschichte und Mythologie

In der Antike schätzte man den Lorbeer sehr. In Griechenland war er dem Gott Apollo geweiht, der sich der Legende nach in die Nymphe Daphne verliebte. Als diese aus seiner Umarmung floh, wurde sie in einen Lorbeerbaum verwandelt, und Apollo trug daraufhin einen Kranz aus Lorbeerblättern. In Delphi wurde zu seinen Ehren ein Tempel errichtet, dessen inneres Heiligtum ganz mit Lorbeerblättern ausgelegt war. Man feierte dort das „Lorbeerfest", ein Fest des Friedens und Sieges. Ehe die Propheten beim Orakel in Delphi in Trance fielen, kauten sie Lorbeerblätter. In Griechenland und Rom wurden Gelehrte, Dichter, erfolgreiche Athleten und siegreiche Feldherren mit Lorbeerkränzen gekrönt. Julius Cäsar fühlte sich geehrt, als ihm der Senat erlaubte, einen Lorbeerkranz zu tragen. An den Saturnalien, einem heidnischen Vorläufer von Weihnachten, schmückten die Römer ihre Häuser mit Lorbeer, und im Laufe der Zeit wurde der Lorbeer stets mit Weihnachten in Verbindung gebracht. Briefe, die von siegreichen Schlachten kündeten, waren in Lorbeerblätter eingehüllt. Mit ihnen schmückte man auch die Postkutsche, die die Nachricht vom Sieg über Napoleon bei Waterloo überbrachte.

Volksglauben und Brauchtum

Immer schon mit Hexerei und Zauberformeln verknüpft, sollte der Lorbeer böse Geister vertreiben. Im Mittelalter wurden Lorbeerzweige in Kirchen aufgehängt, um gute Feen willkommen zu heißen. Auf dem Lande glaubte man, dass Hexen für ihre Besen das Holz des Lorbeerbaums bevorzugten. Sein aromatischer Geruch sollte auch Infektionen vertreiben, abergläubische Leute behielten bei Seuchen immer ein Lorbeerblatt im Mund. Am Vorabend von Dreikönig wurde mit Lorbeer geräuchert, um Haus und Hof vor bösen Geistern zu schützen oder in Zeiten der Pest die Luft zu entgiften. Vor dem Haus aufgestellt, sollte der Lorbeerbaum vor Blitz und Donner bewahren. Von Kaiser Tiberius berichteten Zeitgenossen, seine Angst vor Blitzen sei so groß gewesen, dass er bei Gewitter immer unter sein Bett gekrochen sei und sich Lorbeerblätter

> „Weder Hexe, noch Donner und Blitz verletzen einen Menschen an dem Ort, an dem ein Lorbeerbaum steht."
> (Nicholas Culpeper, englischer Botaniker)

auf den Kopf gelegt hätte. Ging ein Lorbeerbaum ein, galt das als Vorzeichen für ein Unglück oder den nahen Tod eines Angehörigen.

Heilkraft

Lorbeerblätter enthalten ätherische Öle, Bitterstoffe, Kampfer, Salicylate, Thymol und Beta-Sitosterol. Sie wirken antibakteriell, harntreibend, kräftigend, schleimlösend und verdauungsfördernd. Sowohl die Blätter, als auch die Zweige werden für Aufgüsse verwendet.

Kultivierung

Im Garten bevorzugt der Lorbeer einen sonnigen oder halbschattigen, windgeschützten Platz und einen durchlässigen, nährstoffreichen Boden. Lorbeer bildet nur sehr flache Wurzeln und ist deshalb sehr frostanfällig, Schutzmaßnahmen sind wichtig. Man setzt die Bäume in einem Abstand von 1 m, um ihnen genügend Platz zum Ausbreiten zu geben.

Die Vermehrung erfolgt durch Stecklinge im Spätsommer, die zum Bewurzeln in sandigen Boden in einer frostfreien Ecke des Gartens gesteckt werden. Wenn man frühzeitig mit dem Schnitt anfängt, lässt sich Lorbeer auch zu schönen Formschnittgehölzen gestalten.

Ernte

Blätter und Zweige werden im Sommer geerntet. Lorbeerblätter müssen im Dunklen getrocknet werden, damit sie nicht völlig braun werden. Es empfiehlt sich, die Blätter liegend zu lagern und regelmäßig zu bewegen oder zu wenden, damit sie nicht schimmeln und einigermaßen glatt bleiben.

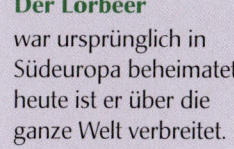

Der Lorbeer war ursprünglich in Südeuropa beheimatet, heute ist er über die ganze Welt verbreitet.

Lavendel
Nervenkraut, Schwindelkraut (Lavandula angustifolia)

„Lavendel, Minze, Salbei, Majoran, die Ringelblum', die mit der Sonn' entschläft und weinend mit ihr aufsteht: Das sind Blumen aus Sommers Mitte, die man geben muß den Männern mittlern Alters."

(William Shakespeare - Zitate und Sprüche)

Der Lavendel ist in den Mittelmeerländern und auf den Kanarischen Inseln beheimatet. Dort überzieht er mitunter ganze Berghänge, er wird aber auch in Gärten und Kulturen angebaut. Der 30 bis 50 cm hohe, mehrjährige Halbstrauch aus der Familie der Lippenblütler hat lanzettliche, ganzrandige, graugrüne Blätter und langgestielte, violettblaue, aromatisch duftende Blütenähren. Ältere Triebe verholzen am Grund. Blütezeit ist von Mai bis August.

Geschichte und Mythologie

Der Lavendel wurde schon von den Ägyptern in den heiligen Gärten von Theben angepflanzt. Man stellte daraus ein Duftwasser her, das bei der Mumifizierung Verwendung fand. Parfümurnen wurden in den Grabstätten mit eingeschlossen, damit sie dort ihren Duft verströmten. Als man das Grab von Tut-ench-Amun öffnete, roch es noch immer stark nach Lavendel. Einer Legende zufolge wusch Maria die Windeln des Jesuskindes in Lavendelwasser. Vielleicht wurde das Kraut deshalb ein beliebter Badezusatz, denn Griechen und Römer gaben es ins Badewasser. Römische Frauen steckten Lavendelblüten in die Bettpfosten, um Bettwanzen abzuhalten, und massierten mit Lavendelöl die Kopfhaut zum Schutz vor Läusen. Im Mittelalter hängte man Lavendelsträuße im Haus auf, um den Gestank von der Straße zu überdecken. Auch Hildegard von Bingen empfahl Lavendel gegen Läuse sowie Lavendelwein bei Lungenbeschwerden. Vom 14. bis 16. Jahrhundert kamen Kräutergärten in England in Mode und damit auch der Lavendel. Von Elisabeth I. wird berichtet, dass sie unter Migräne litt und jeden Tag zehn Tassen Lavendeltee trank, um den Schmerz zu lindern. Lavendel wurde in Europa so beliebt, dass es ganze Felder mit den lilablauen Blüten gab.

Volksglauben und Brauchtum

In der Blumensprache bedeutet der Lavendel „Misstrauen". In der Provence, dem Hauptanbaugebiet, liegen zwischen dem Lavendel oftmals Schlangen, Misstrauen ist also dort lebensnotwendig. Die Lavendelpflücker sollen im Mittelalter durch den Duft vor der Pest, später vor Tuberkulose verschont geblieben sein. Seit jeher ist es bei Jägern in Südfrankreich üblich, Hunde, die von Schlangen gebissen wurden, mit Lavendel einzureiben, der das Gift neutralisieren sollte. In den Alpen galt Lavendel als besonders heilig, er bewahrte vor dem Teufel und rettete selbst Hexen, die von ihm verfolgt wurden. Sie brauchten sich nur auf einen Lavendelstock zu setzen. In Kent durften nur Männer den Lavendel pflanzen. Gab man das Kraut den Hühnern ins Wasser, blieben sie das ganze Jahr gesund. In der Johannisnacht gepflückter Lavendel wehrte bösen Zauber ab. Während der Erntezeit zogen „Lavendelweiber" durch die Straßen und boten den „Balsam für die Nerven" an.

Heilkraft

Lavendel wird seit Jahrhunderten in der Volksmedizin zur Beruhigung und Blutstillung angewandt. Heute nutzt man hauptsächlich das ätherische Öl. Es wird für Massagen benutzt sowie zur Behandlung von Hautausschlägen, Rheuma, Angstzuständen und Depressionen.

Kultivierung

Der Lavendel bevorzugt im Garten einen sonnigen Standort mit gut durchlässigem, kalkhaltigem Boden. Er wird gerne als Rand- oder Rabattenpflanze oder auf trockene Mauern gesetzt. Die Jungpflanzen benötigen 30 cm Abstand. Die Vermehrung erfolgt durch Stecklinge im Frühjahr oder Herbst oder durch Teilung des Stockes im Herbst. Im ersten Jahr muss man den Blütenansatz abschneiden, damit die Pflanze buschiger wächst. In sehr kalten Wintern setzt man die Pflanze am besten in einen Topf.

Ernte

Die Blüten werden gepflückt, sobald sie sich öffnen. Zum Trocknen bindet man sie zu Sträußen zusammen und hängt sie kopfüber auf. Die Blätter für den Frischverbrauch können das ganze Jahr geerntet werden. Man trocknet sie an der Luft im Schatten und zerreibt sie dann.

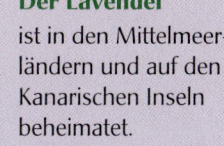

Der Lavendel ist in den Mittelmeerländern und auf den Kanarischen Inseln beheimatet.

Liebstöckel

Gichtstock, Maggikraut (Levisticum officinale)

„Liebstöckel, kräftiges Kraut, dich zu nennen im duftenden Dickicht, Heisst mich die Liebe, mit der ich im Gärtchen alles umfasse."
(Abt Walafrid Strabo in seinem Hortulus)

Der Liebstöckel ist ursprünglich in Südwestasien beheimatet und heute wild wachsend in allen gemäßigten Klimazonen zu finden. Die ausdauernde, 100 bis 200 cm hohe Staude aus der Familie der Doldenblütler hat einen kräftig verzweigten, fleischigen Wurzelstock. Die dicken, hohlen Stängel haben große, gefiederte, glänzend grüne Blätter und bilden am Ende ihrer obersten Verzweigung Dolden mit unzähligen blassgelben Blütchen. Die Pflanze riecht intensiv nach Maggi. Blütezeit ist Juli/August.

Geschichte und Mythologie

Die Römer brachten den Liebstöckel aus Persien nach Europa. Dort war er zuerst vor allem in Nordeuropa beliebt und breitete sich erst später über ganz Europa aus. Dioskurides nannte den Liebstöckel „ligystikon" und erklärte den Namen mit dem gehäuften Vorkommen in Ligurien. Das Kraut wird schon seit dem Mittelalter in Klostergärten kultiviert. Hildegard von Bingen empfahl es gegen Husten, geschwollene Halsdrüsen und Lungenschmerzen sowie gegen die Wassersucht. Der lateinische Name hat allerhand Übersetzungen und Missdeutungen erfahren, so finden sich Variationen von Liebstöckel wie „Laubstecken, Lebensstock, Luststecken". Bei solchen Namen lag es nahe, dem Kraut eine aphrodisierende Wirkung anzudichten. Von den Minnesängern im Mittelalter sagt man, dass sie sich der würzigen Pflanze bedienten, um Zuneigung zu erwecken.

Volksglauben und Brauchtum

Wegen seines Namens spielte der Liebstöckel früher eine große Rolle als Liebeszauber. Aus den Wurzeln, welche an Johanni ausgegraben und an Mariä Himmelfahrt in der Kirche geweiht wurden, braute man Liebestränke. Die Mädchen trugen das Kraut am Busen, um damit den Liebsten zu betören. Die jungen Männer wiederum glaubten, dass das Kraut sie für das weibliche Geschlecht unwiderstehlich machte. Ein Absud aus Wurzeln und Blättern sollte unters Badewasser gemischt dem Liebsten „einheizen". Ja, sogar kleine Mädchen wurden schon von ihren eifrigen Müttern darin gebadet, um späteres Eheglück zu garantieren. Es hieß, dass Mädchen, die am Siebenbrüdertag (10. Juli) Liebstöckel kauen würden, noch im selben Jahr heiraten und Mutter von sieben Söhnen werden würden. An Mariä Himmelfahrt ans Kreuz gebunden, sollte der Liebstöckel einen das ganze Jahr vor Rückenschmerzen bewahren. Früher legten Reisende Liebstöckel-Blätter in die Schuhe, um die müden Füße zu erfrischen. Hexen konnte man erkennen, wenn man Liebstöckel in der Karfreitagsnacht unter Anrufung der heiligen Dreifaltigkeit vergrub und später dann mit sich trug.

Beim Vieh sollte es unters Futter gemischt den Milchfluss begünstigen. Stößigen Rindern rieb man die Hörner mit dem Kraut ein. Damit die Eier von Gänsen gut ausgebrütet wurden, legte man sie darauf.

Heilkraft
Liebstöckel enthält ätherisches Öl, Bitterstoffe, Harze und Cumarine. Er ist hilfreich bei Verdauungsproblemen, Gastritis und Blähungen und wirkt außerdem harntreibend und herzstärkend. Auch bei Rheuma wird er angewendet.

Kultivierung
Im Garten braucht Liebstöckel einen sonnigen bis halbschattigen Platz mit tiefgründigem, feuchtem, nährstoffreichem Boden. Die Vermehrung erfolgt durch Aussaat im Frühjahr oder Sommer oder durch Wurzelteilung im Frühjahr oder Herbst. Wichtig ist es, den Boden gut zu düngen, ehe man die Pflanzen einsetzt; weiterhin regelmäßig düngen. Liebstöckel wird sehr hoch, deshalb muss der Standort gut gewählt sein.

Ernte
Blätter zum Würzen werden am besten zu Beginn des Sommers geerntet. Erst im Herbst des zweiten Jahres werden die Wurzeln ausgegraben, gereinigt und an Schnüren zum Trocknen aufgehängt. Zur Ernte der Samen (ab August) empfiehlt es sich, die Dolden abzuschneiden und in einem Beutel ausreifen zu lassen.

„Wurzel und Samen des Liebstöckels treiben den Harn und verhelfen Männern und Frauen nicht nur zu unkeuschen Gelüsten, sie tun es auch mit Begierde und Wonnen hernach."
(Dioskurides)

Der Liebstöckel ist ursprünglich in Südwestasien beheimatet und heute wild wachsend in allen gemäßigten Klimazonen zu finden.

Melisse
Herztrost, Frauenwohl (Melissa officinalis)

„Melisse ist von allen Dingen, die die Erde hervorbringt, das beste Kraut für das Herz."
(Paracelsus)

Ursprünglich stammt die Melisse aus dem Vorderen Orient, ist aber schon seit langem im Mittelmeerraum verbreitet. Die Pflanze aus der Familie der Lippenblütler findet mit einem flach wachsenden, weit verzweigten Wurzelstock Halt im Boden. Aus ihm steigen vierkantige, verästelte Stängel hoch. Die Blätter sind eiförmig, am Rand grob gesägt und netzartig geädert. In den Blattachseln sitzen zarte, weiße bis bläuliche Blüten. Bei Berührung verströmt die Pflanze einen intensiven Zitronenduft. Blütezeit ist von Juni bis August.

Geschichte und Mythologie
Die Melisse gilt seit der Antike als typisches Frauenkraut. Sie war der Göttin Diana geweiht und wurde als Aphrodisiakum verwendet. Der Gattungsname *Melissa* leitet sich vom griechischen Wort für Biene ab. Man glaubte, dass Bienen in einen unbewohnten Stock ziehen, wenn man einige Melissenzweige hineinlegte. Der bedeutende persische Arzt und Philosoph Avicenna empfiehlt in seinem berühmten Lehrbuch „canon medicina" die Pflanze, weil „sie das Herz fröhlich mache". Arabische Kaufleute führten das Kraut in Europa ein, Mönche machten es in Mitteleuropa heimisch. Karl der Große befahl seinen Anbau in Deutschland, und so wurde die Melisse in den Klostergärten kultiviert. Anfang des 17. Jahrhunderts wurde vom Karmeliterinnenkloster in Nürnberg das so genannte Karmeliterwasser, ein alkoholisches Destillat der Melisse gegen eine Reihe von Alltagsbeschwerden verbreitet. Als „Klosterfrau Melissengeist" hat dieses noch heute seinen Stammplatz in vielen Hausapotheken.

Volksglauben und Brauchtum
Man schrieb der Melisse ungeheure Kräfte zu. Sie sollte die Jugend zurückbringen und Dahinsiechende wiederbeleben. Um nicht von Bienen gestochen zu werden, flocht man sich einen Kranz aus Melisse. Bei Räucherungen zum Schutz für Haus und Hof durfte getrocknete Melisse nicht fehlen. Bauern mischten ihren Kühen Melisse ins Futter, damit sie mehr Milch gaben. Mädchen mit Liebeskummer banden sich Melisseblätter auf die Brust, das sollte das liebeskranke Herz heilen. Wer einmal ein Melisseblatt in den Händen zerrieben und den wohlriechenden Duft eingeatmet hat, der glaubt sofort an diese Wirkung. Als Mittel für einen ruhigen Schlaf sollte Melisse Traumbilder erzeugen, die Valentinus Kräutermann 1725 in seinem „Curiensen und vernünftigen Zauber-Arzt" ganz poetisch beschreibt: „Wenn man nach dem Abendessen, da man bald schlafen gehet, von Melissen esset, so kommen im Schlafe allerhand Vorbildungen für, die man sich nicht lustiger wünschen sollte, denn da sieht man Felder, Gärten, Bäume, Blumen, Wiesen und deucht einen, das

> „Melissenwasser erfreuet das Hertz, ist gut den Gedächtnis und machet scharffe Sinnen."
>
> (Hausbuch aus dem 18. Jahrhundert)

ganze Land sei grün geworden, und wenn man umhersiehet, so ist gleichsam die ganze Welt im Frühling."

Heilkraft

Melisse enthält ätherisches Öl, Bitter- und Gerbstoffe, Harz, Schleim, Saponin und Glykosid. Sie wirken entspannend, aufmunternd, anregend, krampflösend. Melissentee hilft bei Kopfschmerzen und Erregungszuständen. Nach dem Essen fördert er die Verdauung und lindert Blähungen. Zitronenmelissenöl wird in der Aromatherapie bei Nervosität, Depressionen und Schlaflosigkeit verwendet.

Kultivierung

Im Garten fühlt sich die Melisse an einem sonnigen, windgeschützten Platz mit durchlässigem, humosem Boden am wohlsten. Es empfiehlt sich, den Boden mit Kompost anzureichern. Die Anzucht aus Samen ist umständlich, denn die Jungpflanzen entwickeln sich nur sehr langsam. Fertige Jungpflanzen werden überall im Gartenfachhandel angeboten. Später kann die Pflanze leicht durch Teilen des Wurzelstocks oder durch Stecklinge vermehrt werden. In rauen Gegenden braucht die Melisse einen Winterschutz.

Ernte

Von Frühjahr bis Herbst können die zarten, jungen Blätter und Triebe geerntet werden. Kurz vor der Blüte ist die Würzkraft am stärksten. Damit das Aroma in den Blättern erhalten bleibt, pflückt man sie an einem warmen, sonnigen Tag und trocknet sie möglichst rasch.

Die Melisse stammt ursprünglich aus dem Vorderen Orient, ist aber schon seit langem im Mittelmeerraum verbreitet.

Basilikum
Königskraut, Josefskräutlein (Ocimum basilicum)

Basilikum soll zuerst genannt sein, Dessen Duft so angenehm und fein.

(Michael Drayton, englischer Dichter im 16. Jahrhundert)

Basilikum ist ursprünglich in Indien, dem Nahen Osten und auf einigen pazifischen Inseln beheimatet. Seit Jahrtausenden wird er auch in den Mittelmeerländern kultiviert. Die ältesten Nachweise für die Nutzung des Krauts stammen aus Indien und Ägypten. Nach Westeuropa wurde das Kraut von Gewürzhändlern gebracht. Über die Alpen gelangte es wahrscheinlich mit den Kreuzrittern und den sie begleitenden Mönchen. Basilikum ist ein einjähriges, sehr aromatisches, 20 bis 40 cm hohes Kraut aus der Familie der Lippenblütler. Die buschig wachsende Pflanze hat gestielte, eiförmige, ganzrandige oder leicht gezähnte, hellgrüne Blätter und trägt in den Triebspitzen kleine, cremeweiße bis rötliche Blüten in endständigen Ähren. Blütezeit ist von Juli bis September.

Geschichte und Mythologie

Das Wort Basilikum leitet sich vom griechischen „basileios" (königlich) ab, deshalb wird Basilikum auch Königskraut genannt. *Ocimum* geht auf das griechische Wort „oza" (Geruch) zurück, denn Basilikum hat einen sehr intensiven Geruch und wurde schon zur Zeit der Cäsaren in römischen Gärten angepflanzt. Schon der griechische Arzt Hippokrates (460–377 v. Chr.), Begründer der wissenschaftlichen Heilkunde, erwähnt Basilikum im „Corpus Hippocriticum". Auch der römische Arzt Pedanios Dioskurides (um 50 n. Chr.) zählt es in seiner „De materia medica" als eine von 200 Heilpflanzen auf. Plinius der Ältere (23–79 n. Chr.) ist der erste, der dem Kraut wenig Gutes nachsagte: Es sollte schädlich für Magen, Darm und Augen und dafür verantwortlich sein, wenn Bisse des Skorpions tödlich ausgingen. Der Legende nach soll nach Jesu Auferstehung Basilikum um sein Grab gewachsen sein. In Griechenland glaubte man dagegen, dass Kaiserin Helena das Kraut auf Golgotha gefunden habe und es mit nach Griechenland nahm. Basilikumkränze fand man als Grabbeigabe schon in Gräbern der alten Ägypter. In Indien wurde Basilikum so hoch verehrt, dass man vor Gericht offiziell Eide darauf schwor.

Volksglauben und Brauchtum

Für die Römer war Basilikum ein Kraut der Fruchtbarkeit, das nur gedieh, wenn es von einem schönen jungen Mädchen gepflegt wurde. In England verschenkte man in den Zeiten der Tudors kleine Basilikumtöpfe als Zeichen der Liebe. In Griechenland war es Brauch, Gästen als Willkommensgruß einen Basilikumzweig zu überreichen. Wenn ein Mädchen von einem Bewerber einen Zweig annahm, sollte es sich in ihn verlieben. Nahm umgekehrt ein Mann von einer Frau einen frischen Basilikumsprössling an, konnte sie sich seiner Liebe auf ewig sicher sein.

Mädchen wurden, so hieß es, vor dem Verlust der Jungfräulichkeit bewahrt, wenn ein Basilikumstock auf dem Fensterbrett gezogen wurde. Ein solcher sollte auch der „Beruhigung des Geistes" dienen. Wenn eine Frau, die in den Wehen lag, eine Basilikumwurzel und die Feder einer Schwalbe fest in der Hand hielt, so hatte sie eine schmerzfreie Geburt.

Heilkraft

Basilikum enthält ätherische Öle, Gerbstoffe, Vitamine, Flavonoide und Saponine, sie wirken fiebersenkend und magenberuhigend. Basilikumtee hat sich bei Krämpfen, fiebriger Erkältung und Migräne bewährt. Basilikumöl äußerlich angewendet hat antiseptische Eigenschaften und hilft bei Akne und Hautinfektionen. Als Gewürz wirkt Basilikum verdauungsfördernd.

Kultivierung

Im Garten braucht Basilikum einen sehr sonnigen, warmen und windgeschützten Platz mit nährstoffreichem, humosem Boden. Die frostempfindliche Pflanze wird am besten im Frühbeetkasten vorgezogen. Die Aussaat erfolgt Ende März in Saatschalen, die Samen nur leicht mit Erde bedecken (Lichtkeimer). Ausgepflanzt ins Freie wird ab Mitte Mai. Regelmäßig gießen und die Triebspitzen auskneifen, um einen buschigen Wuchs zu fördern. Basilikum eignet sich gut für Mischkultur und vertreibt Insekten.

Ernte

Geerntet werden laufend frische, junge Blätter. Sie werden frisch oder getrocknet verwendet. Frische Blätter können auch eingefroren werden. Damit sie ihr Aroma nicht verlieren, bestreicht man sie mit Olivenöl.

> „Das Basilikum ist kalt. Aber ein Mensch, der an seiner Zunge die Lähmung hat, sodass er nicht sprechen kann, der lege Basilikum unter seine Zunge und er wird die Sprache wiedererlangen."
> (Hildegard von Bingen)

Das Basilikum wird seit Jahrtausenden in den Mittelmeerländern kultiviert.

Majoran und Origano
Wilder Majoran, Dost (Origanum vulgare)

„Oregano ist in der Wirkung herrlich und für viele Zwecke, doch besonders für die niederkommenden Frauen dienlich."

(Theophrast aus „Geschichte der Pflanzen")

Die meisten *Origanum*-Arten kommen aus dem Mittelmeerraum, sind aber mittlerweile auch in vielen anderen Ländern zuhause und haben dort heimische Arten entwickelt, wenngleich unter verschiedenen Bezeichnungen. Die einjährige Pflanze aus der Familie der Lippenblütler wächst bis zu 50 cm hoch. Die aufrechten, gegenständig stehenden, ovalen Stängel sind oft rötlich gefärbt und verdorren in der vollen Sonne. Die grünen Blätter riechen leicht aromatisch. Ab Juli zeigen sich rosarote Blüten in rispenartig verzweigten Büscheln. Wilden Majoran kennt man eher als Origano, Diptam *(Dictamnus)* ist eine auf Kreta wachsende *Origanum*-Art.

Geschichte und Mythologie

Im alten Ägypten war der Origano dem Gott Osiris geweiht, und man kannte seine Fähigkeit zu heilen, zu desinfizieren und zu konservieren. Der Name „Origano" leitet sich aus dem griechischen „oros" (Gebirge) und „ganos" (Glanz, Freude) ab. Den würzigen Duft des Krauts soll Aphrodite als Symbol der Freude geschaffen haben, der Sage nach wuchs er üppig in ihrem Garten an den Hängen des Olymps. Er war bereits den alten Griechen als Heilmittel bekannt und er spielte in der Geschichte der Medizin stets eine wichtigere Rolle als der Majoran. Dioskurides berichtet über ihn im 1. Jahrhundert n. Chr. Hippokrates diente die Pflanze zur Geburtsbeschleunigung und zur Heilung von Hämorrhoiden. Aristoteles berichtet, Schildkröten, die eine Schlange verschluckt hätten, würden sofort Majoran als Gegengift fressen. Einer Legende zufolge ließ Amaracus, ein Diener des Königs Cinyras von Zypern ein Gefäß mit kostbarem Parfüm fallen. Aus Angst vor dem Zorn des Königs wurde er ohnmächtig. Die Götter erbarmten sich seiner und verwandelten ihn in eine wohlriechende Pflanze, die seinen Namen erhielt: *Amaracus dictamnus*.

Volksglauben und Brauchtum

Majoran wurde oft zur Herstellung von Liebessalben und Liebestränken verwendet und sollte ermutigend auf zögerliche Geliebte wirken. Andererseits verband man das Kraut auch mit dem Tod und legte es auf Grabsteine oder pflanzte es auf Gräber, um dem Geist der Verstorbenen Ruhe zu verleihen. Wenn im Mittelalter als Hexen beschuldigte Frauen bei der Folter ohnmächtig wurden, beräucherte man sie mit Dost, um sie vom Teufel zu befreien. Man pflanzte ihn in den Garten, um Haus und Hof vor zauberischem Schaden zu bewahren. Er sollte auch vor Schlangen, Ameisen und Flöhen, aber auch vor Hexen und dem Teufel schützen. Man legte ihn in die Schuhe einer Braut und in die Wiegen der Kinder. Milchmädchen stellten bei schwülem Wetter Majoran neben die

Kannen mit frischer Milch, in dem Glauben, sie bleibe so eher süß.

Heilkraft

Majoran wirkt antiseptisch, nervenstärkend, krampflösend und magenwärmend. Er hilft bei Erkältungen und besänftigt einen unruhigen Magen. Er empfiehlt sich vorbeugend bei Seekrankheit. Das Kraut lindert auch Zahnschmerzen, wenn man auf einem Blatt kaut.

Kultivierung

Majoran braucht einen trockenen, gut durchlässigen Boden und einen vollsonnigen, windgeschützten Platz. Die Vermehrung erfolgt durch Aussaat der Samen im Frühjahr oder Herbst oder durch Sommerstecklinge. Die Jungpflanzen werden im Abstand von 30 cm gesetzt. Die Pflanze eignet sich gut für die Einfassung von Wegen und Beeten und gedeiht auch im Topf.

Ernte

Die Ernte ist während des Sommers am ergiebigsten. In der Blütezeit hat das Kraut seine größte Würzkraft. Zum Ende der Wachstumsphase schneidet man es handhoch über der Erde ab und hängt es zum Trocknen in einen luftigen Raum.

> „Frischer Majoran mit den Fingern ein wenig zerrieben und in die Naslöchlein gethan, machet niessen, zerteilet den Schnupfen und reinigt das Haupt."
>
> (mittelalterliches Rezept)

Majoran & Origano
Die meisten *Origanum*-Arten kommen aus dem Mittelmeerraum.

Pfingstrose
Gichtrose, Blutrose (Paeonia officinalis)

„Schnell wie die weiße Milch von Feigenlaub sich eindickt, gerann das Blut in den Adern des Ares unter der Wirkung von Paeons Kräutern."

(Homer)

Die Pfingstrose ist in den Gebirgsregionen des Mittelmeerraums heimisch. Die ausdauernde Staude aus der Familie der Pfingstrosengewächse hat einen fleischigen, knollig verdickten, gelbrot gefärbten Wurzelstock, doppelt-dreizählig tief eingeschnittene, oberseits dunkelgrüne, unterseits mattgrüne Blätter und karminrote, rosafarbene oder weiße, duftende Einzelblüten mit gelben Staubgefäßen. Sie wächst zu einem bis zu 1 m hohen, dicht belaubten Busch heran. Blütezeit ist Mai/Juni.

Geschichte und Mythologie

Der Gattungsname *Paeonia* ist auf das griechische Wort „paionia" zurückzuführen, das für den Götterarzt Paeon steht. Der griechischen Sage nach heilte dieser mit Hilfe der Paeonie den von Herakles verwundeten Hades. Auch die antiken römischen Dichter wissen Ähnliches von der Pflanze zu berichten. Vergil sagt im 7. Gesang der Äneis, dass die Göttin Artemis den Virbios, der von den Pferden seines Vaters Theseus getötet worden war, mit Hilfe einer Pfingstrose wieder zum Leben erweckte. In China wurden Pfingstrosen schon um 1000 v. Chr. als Heilpflanzen benutzt. Als Zierpflanzen in den Gärten kennt man sie dort seit dem 7. Jahrhundert. Sie wurden zu hohen Preisen gehandelt und waren oft Bestandteil von Ehekontrakten. Manche Sorten durften nur in den kaiserlichen Gärten angebaut werden. Im frühen Mittelalter begannen Benediktinermönche damit, Pfingstrosen als Heilpflanzen in ihren Klostergärten anzubauen, und brachten sie auch über die Alpen nach Norden, der Volksname „Benediktinerrose" erinnert noch daran. Die Blume fand dann bald ihren Weg in die Bauerngärten. In der christlichen Symbolik stand sie für Reichtum, Heil und Heilung, für weibliche Schönheit und, als „Rose ohne Dornen", für die Gottesmutter Maria. Seit dem 16. Jahrhundert gehören Pfingstrosen zu den bekanntesten und schönsten Gartenstauden.

Volksglauben und Brauchtum

Pfingsten ist das Fest, an dem der Heilige Geist den Jüngern Jesu Sprachgewandtheit verlieh, die Pfingstrose sollte Stotterer heilen. Wenn man eine Pfingstrose pflückte oder ihre Wurzel ausgrub, war es absolut lebenswichtig, dass die Sonne noch nicht aufgegangen war. Im Mittelalter wurden die Wurzeln oder Samen der „Gichtrose" häufig als Amulett gegen Gicht, Furcht, Frauenkrankheiten, aber auch gegen Verhexung getragen. Zahnende Kinder bekamen eine Kette mit 77 Pfingstrosensamen um den Hals gehängt. In Bayern nannte man sie „Appoloniakörner", zu Ehren der Hl. Appolonia, der Patronin der Zahnkranken. Die Samen der Pfingstrose galten aber auch als

Schutz vor dem „Alb", dem nächtlichen Druckgeist, der sich den Schlafenden auf die Brust setzt und schlimme Träume hervorruft. Noch heute ist es Brauch zu Fronleichnam, mit Pfingstrosenblüten die Wege zu bestreuen und die Altäre zu schmücken.

Heilkraft

Die Pfingstrose enthält ätherische Öle, Kohlenhydrate, Gerbsäuren, Fette, Harze und Peregrinin. Sie wirken blutstillend, wundheilungsfördernd und krampflösend. <u>Achtung</u>: Als Mittel für die Hausapotheke eignet sie sich nicht. Die Droge darf nur unter Aufsicht des Arztes eingenommen werden.

Kultivierung

Im Garten braucht die Pflanze einen sonnigen Platz mit durchlässigem, lehmigem und nährstoffreichem Boden. Pfingstrosen lassen sich zwar aus Samen anziehen, brauchen aber dann meist bis zu 5 Jahren bis zur ersten Blüte. Besser man setzt Jungpflanzen aus dem Gartenfachhandel ein. Auf Störungen reagiert die Pflanze empfindlich. Lässt man sie jedoch in Ruhe, werden die Blüten von Jahr zu größer und schöner. Da die Pfingstrosen mehrere Jahrzehnte an ihrem Standort verbleiben kann, sollte dieser sorgfältig ausgewählt werden.

Ernte

Man erntet die Wurzel im zeitigen Frühjahr oder im späten Herbst, die Samen, wenn sie reif sind. Die Wurzel wird zerkleinert und frisch oder getrocknet verwendet.

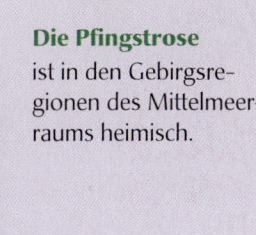

Die Pfingstrose ist in den Gebirgsregionen des Mittelmeerraums heimisch.

Petersilie

Peterlein, Suppenkraut (Petroselinum crispum)

„Im Palast von Sparta zwanzig Maiden jung und schön, Stolz der Griechen, deren Köpfe ein frisches Gewinde krönt, Das Hyazinthen und verschlungene Petersilie krönen, Freudig Menelaos' Hochzeitsfest verzieren."

(Theokrit, Dichter des 3. Jahrhunderts v. Chr.)

Die Petersilie stammt aus Südeuropa, vor allem aus den Mittelmeerländern, und wird heute überall auf der Welt kultiviert. Die zweijährige Pflanze aus der Familie der Doldenblütler treibt im ersten Jahr aus einer kräftigen Wurzel eine 20 bis 30 cm hohe Rosette aus langgestielten, mehrfach gefiederten Blättern. Im zweiten Jahr erscheinen 60 cm hohe Blütenstängel mit unscheinbaren, gelblich-grünen Dolden. Danach stellt die Pflanze das Blattwachstum ein. Blütezeit ist Juni/Juli. Die Krause Petersilie (*P. crispum*) hat hellgrüne Blätter mit krausen, gezähnten Rändern, die Glatte Petersilie (*P. crispum hortense*) trägt dunkelgrüne Blätter. Die Wurzelpetersilie (*P. crispum* var. *tuberosum*) ist eine mehrjährige Pflanze, meist als einjähriges Kraut gezogen, deren Wurzel bis 15 cm lang wird.

Geschichte und Mythologie

Das Kraut wurde seit jeher in der Volksmedizin verwendet, erstmals ist es in einem frühen griechischen Kräuterbuch aus dem 3. Jahrhundert v. Chr. erwähnt. Homer beschrieb in seiner Odyssee, dass die Insel Ogygia von einem wahren Petersilienteppich bedeckt gewesen sei. Die Griechen verbanden die Petersilie mit fröhlichen Begebenheiten und verwendeten sie bei Hochzeitsfeiern in den Gewinden von Brautjungfern. Die Gäste trugen Kränze und Kronen aus dem Kraut, um den Appetit anzuregen. Sie glaubten, es sei der Ruhe und dem Frieden förderlich und helfe, eine heitere Atmosphäre zu schaffen. Andererseits wurde die Petersilie auch zum Synonym für den Tod. Die Griechen nannten sie das Kraut der Vergesslichkeit und schmückten Leichname, Gräber und Grabmale damit. Das Kraut erlangte sogar eine so unheilvolle Bedeutung, dass Soldaten in Panik ausbrachen, wenn sie in die Schlacht zogen und auf einen mit Petersilie beladenen Maulesel trafen. Denn sie nahmen an, das Zusammentreffen sage ihren Tod voraus. Die Römer dachten, Petersilie könne eine Fehlgeburt verursachen. Dies erklärt den späteren Brauch, dreimal täglich große Mengen Petersilie zu essen, um eine ungewollte Schwangerschaft zu beenden. Petersilie ist seit langem auch ein beliebtes Küchenkraut. Kaiser Karl der Große ließ Käse mit Petersiliensamen würzen und Heinrich VIII. von England aß Petersilie als Beilage zu Fleisch und Fischgerichten.

Volksglauben und Brauchtum

Petersilie keimt nur langsam, und so glaubte man, der Samen müsse neunmal zum Teufel hin und zurück gehen, ehe er sprosst. Das ließ sich verhindern, wenn man beim Aussäen dreimal lachte oder nur an bestimmten Tagen aussäte: am 25.3. (Mariä Verkündigung), am 24.6. (Johanni) und am 14.8. (Mariä Himmelfahrt). Wenn die Petersilie aber gar nicht aufging, so starb jemand. Manche Menschen glaubten, nur Hexen könnten das Kraut erfolgreich anpflanzen. Um eine gute Ernte zu sichern, mussten die Samen an einem Karfreitag oder von einer Schwangeren gesät werden. Außerdem sollte die Petersilie nur dort gedeihen, wo die Frau im Haus das Sagen hatte. Pflückte jemand das Kraut und nannte dabei den Namen eines anderen, so war dieser zum Tode verdammt. Träumte man von der Petersilie, galt dies als ein Vorzeichen für Unglück. Im Traum Petersilie zu essen kündigte dagegen Gutes an.

Heilkraft
Die Petersilie enthält viele Vitamine, vor allem Vitamin C, darüber hinaus ist sie reich an Mineralien. Sie wirkt harntreibend und wird bei Blasenleiden angewendet. Petersilie regt den Milchfluss stillender Mütter an, hält den Atem frisch und sorgt, roh gekaut, für reine Haut. Ein aus Petersilie zubereiteter Tee tötet Kopfläuse. <u>Achtung</u>: Die Petersilie darf während der Schwangerschaft nicht als Medizin verwendet werden.

Kultivierung
Im Garten braucht die Petersilie einen sonnigen bis halbschattigen Platz mit einem tiefgründigen, feuchten, lockeren und nährstoffreichen Boden. Von Mitte März bis Ende Juli kann direkt ins Freiland ausgesät werden. Die Samen werden dünn im Reihenabstand von 30 bis 40 cm und 3 cm tief ausgesät. Die Aussaat sollte aber jedes Jahr an einer anderen Stelle erfolgen, erst im vierten Jahr kann die Petersilie wieder am gleichen Platz wachsen. Sobald die Sämlinge groß genug sind, im Abstand von 8 cm ausdünnen, später im Abstand von 15 cm verziehen. Immer gut wässern. Im zweiten Jahr bildet das Kraut schnell Samen aus.

Ernte
Sobald die Petersilie kräftig genug ist, können die Blätter laufend bis zur Blüte geerntet werden. Petersilienblätter lassen sich trocknen oder frisch einfrieren.

Die Petersilie stammt aus Südeuropa, vor allem aus den Mittelmeerländern, und wird heute überall auf der Welt kultiviert.

Rosmarin
Hochzeitsblümchen, Meertau (Rosmarinus officinalis)

„Hemmt Eure Tränen, streuet Rosmarin auf diese schöne Leich', und, nach der Sitte, tragt sie zur Kirch' in ihrem besten Staat."

(Lorenzo zu Romeo in „Romeo und Julia" von William Shakespeare)

Der Rosmarin ist im Mittelmeerraum beheimatet und in allen gemäßigten Regionen weit verbreitet. Der winterharte, immergrüne Strauch wächst 30 bis 200 cm hoch. Er hat aromatisch duftende, graugrüne, nadelartige Blätter und wohlriechende, blaue, weiße oder rosa Lippenblüten. Blütezeit ist Mai/Juni.

Geschichte und Mythologie

Rosmarin ist eine alte Kulturpflanze, die bei den Griechen der Göttin Aphrodite geweiht war. Der Name stammt von dem lateinischen *Rosmarinus* (Meertau) ab, da das Kraut in Küstenregionen wächst. Horaz und Ovid berichten, dass die Pflanze sowohl Menschen wie Göttern als Schmuck diente. Dioskurides schrieb ihm eine erwärmende Kraft zu. Auch frühe arabische Ärzte schätzten das Kraut, denn sie glaubten, es könne verlorene Lebenskraft und das Gedächtnis zurückbringen. Nach Mitteleuropa kam der Rosmarin wahrscheinlich durch die Römer und wurde erstmals 820 im Bauplan für das Kloster St. Gallen erwähnt, ebenso 812 im „Capitulare de villis" von Karl dem Großen. Einer Legende nach soll der Strauch so groß werden wie Jesus Christus und nach 33 Jahren, das Alter, in dem Christus gekreuzigt wurde, eingehen. Berühmt geworden ist der Rosmarin durch Königin Isabella von Ungarn (16. Jahrhundert), die als 72-Jährige von einem Einsiedler ein Kräuterwässerchen mit Rosmarin erhielt und dadurch so verjüngt wurde, dass sie den polnischen König verzaubert haben soll und dieser um ihre Hand anhielt. Das nach ihr benannte „Aqua Reginae Hungariae" war das erste destillierte Parfüm.

Volksglauben und Brauchtum

Rosmarin galt als Symbol anhaltender Liebe und Treue und wird seit jeher mit Hochzeiten in Verbindung gebracht. Die Braut trug einen Rosmarinkranz und hatte Zweige des Krauts in ihrem Brautstrauß. Wenn Rosmarinstecklinge im Garten des Brautpaars gepflanzt wurden und wurzelten, hatte die Frau im Haus das Sagen. In manchen Regionen nähten sich Eheleute Rosmarin ins Kleid bzw. das Hutband, um so den Ehepartner von Abwegen abzuhalten. Er diente auch zu Liebesprophezeihungen. Legte ein Mädchen einen Rosmarinzweig unter das Kopfkissen, würde es vom künftigen Geliebten träumen. Stellte man am Vorabend von Johanni eine Schüssel mit Mehl unter einen Rosmarinbusch, waren am nächsten Morgen die Initialen des Zukünftigen im Mehl zu sehen. Die symbolhafte Beziehung des Rosmarins zu Liebe und Fruchtbarkeit könnte auch zu der belgischen Legende geführt haben, dass dort die Kinder nicht vom Storch gebracht, sondern aus einem Rosmarinbusch geholt werden. Den Neugeborenen legten die Taufpaten zum

Schutz vor bösem Zauber Rosmarinzweige in die Wiege. Andererseits stand das Kraut auch für aufrichtiges Gedenken. Bei Beerdigungen wurden Rosmarinzweige an die Trauernden verteilt, die diese dann auf den geschlossenen Sarg warfen. In einigen Ländern legte man den Toten Zweige des Krauts in die Hände.

Heilkraft

Rosmarin enthält einen hohen Anteil an ätherischen Ölen, Kampfer und Cineol. Vor allem der Kampfer wirkt sehr ausgleichend auf das Nervensystem. Des Weiteren fördert Rosmarin die Durchblutung und Verdauung.

Kultivierung

Die 30 bis 200 cm hohe, verholzende Pflanze bevorzugt einen leichten, durchlässigen, humosen Boden an einem vollsonnigen, geschützten Platz. Die Vermehrung erfolgt durch Aussaat der Samen im Frühjahr. Einfacher geht es mit der Pflanzung von Kopfstecklingen im Sommer, die im Frühherbst geschnitten wurden. Die Jungpflanzen werden im Abstand von 40 bis 100 cm gesetzt. Rosmarin eignet sich für die Rabatte, als Heckenpflanze, aber auch für die Topfkultur.

Ernte

Da Rosmarin ein immergrüner Strauch ist, lassen sich das ganze Jahr über frische Blätter ernten. Wer sich einen größeren Vorrat zulegen will, pflückt die Blätter im Sommer und trocknet sie oder legt sie in Öl ein.

Der Rosmarin ist im Mittelmeerraum beheimatet und in allen gemäßigten Regionen weit verbreitet.

Weinraute
Totenkraut, Gertrudenkraut (Ruta graveolens)

„Gegen Husten soll man sie in Molken, Käsewasser sieden und heiß trinken. Wenn du Raute, Majoran, Salbei und Minze in Wein kochst, hilft dies bei Kopfschmerz. Bei Ohrenschmerzen koche die Pflanze und lege dies auf."

(Paracelsus)

Die Raute war ursprünglich in den südeuropäischen Mittelmeerländern beheimatet. Inzwischen hat sie sich kälteren klimatischen Bedingungen angepasst und ist auch in Nordeuropa, Nordamerika und Asien zu finden. An dem winterharten, immergrünen 50 bis 80 cm hohen Halbstrauch aus der Familie der Rautengewächse fällt besonders das schöne, graublaue Blattwerk auf. Hält man das zierlich gegliederte Laub gegen das Licht, sind durchscheinende, nadelstichartige Löcher zu erkennen. Das sind Drüsen, die mit ätherischem Öl gefüllt sind. Sie werden besonders an heißen Tagen aktiv und verströmen einen bitteraromatischen Geruch. Auch die zahlreich in einer Scheindolde angeordneten gelben Blüten sind mit Öldrüsen besetzt. Blütezeit ist von Juni bis August.

Geschichte und Mythologie

Der Name der Pflanze leitet sich vom lateinischen „ruta" ab, das „Bitterkeit, Unannehmlichkeit" bedeutet. Im ostmediterranen Raum wird die Raute schon seit dem Altertum kultiviert. Älteste Nachweise von der Nutzung der Raute gehen zurück auf assyrische Quellen. Nach Lukas [11,42] zählt sie zu den Kräutern, von denen die Pharisäer den Zehnten abgaben. In römischen Gärten zog man Rautenpflanzen als nützliche und zugleich dekorative Einfassungen der Gartenbeete. Mit den Römern gelangte die Raute und das Wissen um ihre Verwendung nach Mitteleuropa. Die ersten Aufzeichnungen über Kulturpflanzen – wie das Kräuterbuch „Capitulare de Villis" – erwähnten stets auch die Raute. Der Name „Wein"-Raute wurde erst im späteren Mittelalter geprägt und geht auf den weinartigen Geruch der Pflanze zurück. Die Raute wurde insbesondere zum Aromatisieren von Essig genutzt. Berühmt wurde sie in dieser Funktion als Hauptbestandteil des „Vierräuberessigs". Während der Pestzeit hatten vier Räuber diesen getrunken, steckten sich dadurch nicht an und konnten so gefahrlos die Pestkranken und Toten ausrauben. In solchen Legenden gründet wohl auch der Ruf der Pflanze als Zauberkraut, das sogar den bösen Blick bannen und selbst vor dem Teufel schützen könne. So überreichte einst Hermes, der Götterbote und Mittler zwischen Oben und Unten, die Raute dem Odysseus als Abwehrmittel gegen den Zauber der Kirke, die seine Gefährten in Schweine verwandelt hatte.

Volksglauben und Brauchtum

Schon früh galt die Raute als Mittel gegen Schlangenbisse und allgemein gegen Gifte. Wer Rautensaft mit sich trug, war nicht nur gegen giftige Tiere, sondern auch vor der Pest geschützt. Die Pest wurde durch Ratten übertragen, und Ratten hassen den Geruch der Raute. Sie galt auch als sicherer Schutz gegen den „bösen Blick" und sorgte dafür, dass der Teufel einem nicht schaden konnte. Die geweihte Raute, deren Samenkapsel ein Kreuz darstellt, war im Mittelalter in allen möglichen Anwendungen das verlässlichste Mittel bei Beschwörungen und Austreibung des Teufels. So legte man den Toten Rautenbüschel in den Sarg. Sie schützten diese vor den Mächten des Teufels und verwandelten sich in Gold, sodass die Verstorbenen „goldstrahlend" in den Himmel kommen konnten. In Italien tauchte man die Raute in Weihwasser und besprengte damit Schlafzimmer, in denen böse Geister die Liebesbeziehungen eines Ehepaares gestört hatten. Der Raute schrieb man auch zu, dass sie helfe, die Keuschheit zu bewahren oder zu schützen. Wer von jemandem gekränkt wurde, bewarf den, der ihm Unrecht getan hatte, mit einem Rautenstrauß und sagte dabei: „Mögest du diesen Tag bereuen, solange du lebst!"

Heilkraft

Die Raute wird seit alters her zur Behandlung von überanstrengten Augen und damit verbundenen Kopfschmerzen angewandt. Sie wirkt positiv bei nervösem Herzklopfen und hohem Blutdruck. Außerdem soll sie die Knochen und Zähne kräftigen.

Kultivierung

Im Garten braucht die Pflanze einen sonnigen Platz mit durchlässigem, magerem, etwas kalkhaltigem Boden. Im April kann direkt an Ort und Stelle ausgesät werden. Später setzt man die Jungpflanzen im Abstand von 35 cm auseinander. Die Vermehrung erfolgt einfach über Stockteilung oder Stecklinge. In rauen Gegenden benötigt die Raute etwas Winterschutz.

Ernte

Wegen der photosensiblen Wirkung der in den Blättern enthaltenen Cumarinderivate, die bei Licht Hautentzündungen hervorrufen, sowie der allergischen Wirkung der ätherischen Öle sollte man beim Ernten der frischen Blätter zum sofortigen Verbrauch äußerste Vorsicht walten lassen oder Handschuhe tragen.

Die Weinraute war ursprünglich in den südeuropäischen Mittelmeerländern beheimatet. Inzwischen hat sie sich kälteren klimatischen Bedingungen angepasst und ist auch in Nordeuropa, Nordamerika und Asien zu finden.

Salbei

Königssalbei, Salser (Salvia officinalis)

Leuchtend blühet Salbei ganz vorn am Eingang des Gartens, Süß von Geruch, voll wirkender Kräfte und heilsam zu trinken. Manche Gebresten der Menschen zu heilen, erwies sie sich nützlich, Ewig in grünender Jugend zu stehen hat sie sich verdient.

(Walafried Strabo in „De cultura hortorum")

Die Gattung Salvia ist weltweit von tropischen bis in gemäßigte Gebiete verbreitet. Sie umfasst 800 bis 1100 Arten. Der 30 bis 60 cm hohe, aromatisch duftende, ausdauernde Halbstrauch aus der Familie der Lippenblütler hat vierkantige, graufilzig behaarte Stängel, die elliptische, gegenständige, grünlichgraue, unterseits feinrunzlige Blätter tragen. An den Enden der Triebe sitzen blauviolette, lockere Blüten. Blütezeit ist Juli/August.

Geschichte und Mythologie

Bereits der Name weist auf die hohe Wertschätzung der Pflanze hin, leitet sich *Salvia* doch von lateinisch „salveo" (ich bin gesund) ab. In der Antike wurden der Pflanze große magische Kräfte zugeschrieben. Die Griechen verwendeten Salbei zur Behandlung von Geschwüren und Schlangenbissen. Die Römer schätzten das Kraut so hoch, dass sie es mit ganz besonderen Ritualen sammelten. Die Sammler mussten saubere Füße haben, weiße Tuniken tragen und Schneidegeräte aus Bronze und Silber verwenden. Vor der Ernte wurde den Göttern mit Speisen und Wein geopfert. Der Legende nach fand die Heilige Familie auf der Flucht nach Ägypten Schutz unter einem Salbeistrauch, wodurch ihm die Kraft verliehen wurde, Kranke zu heilen. Die Chinesen tauschten bei den Holländern die dreifache Menge ihres besten Tees gegen europäischen Salbei.

Volksglauben und Brauchtum

Der Überlieferung nach gedieh Salbei nur in Gärten von Weisen und dort, wo die Frau das Sagen im Haus hatte. Das Kraut galt auch als probates Fruchtbarkeitsmittel. Kinderlosen Ehepaaren wurde geraten, vier Tage keusch zu leben und täglich Salbeisaft zu trinken. Wenn danach der Verkehr wieder vollzogen wurde, galt eine Empfängnis als gesichert. Wenn eine junge Frau um Mitternacht am Vorabend von Allerheiligen in den Garten ging und neun Salbeiblätter pflückte, ohne dabei einen Zweig zu zerbrechen, würde sie entweder das Gesicht des Zukünftigen sehen oder aber einen Sarg, wenn es ihr bestimmt war, nicht zu heiraten. Damit der Salbei gut wächst, sollte er am Karfreitag vor Sonnenaufgang geschnitten werden. Zum Schutz vor Hexen hängte man geweihte Salbeibüschel am Türstock auf. Um Mäuseplagen zu verhindern, musste man am Ulrichstag (4. Juli) um 12 Uhr mittags Wiesensalbei pflücken und ihn in Scheunen und Vorratskammern auslegen. Wer am Sonntag in der Kirche ein Salbeisträußlein bei sich trug, schlief während der Predigt nicht ein! Als noch mit Giftbechern Politik gemacht wurde, versuchte man, mit Salbei und Raute dem Tod zu entkommen: „Salbei und Raute vermengt mit Wein, lässt dir den Trank nicht schädlich sein." Salbei sollte auch Kummer lindern, und zur Erinnerung an die Toten pflanzte man ihn auf die Gräber.

> „Wer einen Salbeistock, einen Enzian und eine Wermut im Garten hat, hat gleich eine ganze Apotheke zusammen."
> (Sebastian Kneipp)

Der Zustand eines Salbeistrauchs ließ auf die geschäftlichen Erfolge des Hausherrn schließen: Blühte die Pflanze, ging das Geschäft gut, war sie verwelkt, war es um die Finanzen nicht gut bestellt.

Heilkraft
Salbei enthält ätherisches Öl, Bitter- und Gerbstoffe, Saponine, Bioflavonoide. Sie wirken antibakteriell, desinfizierend, entzündungshemmend und krampflösend. Bei den ersten Anzeichen einer Erkältung hilft ein heißer Salbeiaufguss. Salbeitee ist ein gutes Mittel bei Hals- und Zahnfleischentzündungen.

Kultivierung
Im Garten braucht der Salbei einen sonnigen, warmen Platz mit einem mäßig trockenen, durchlässigen, kalkhaltigen Boden. Die Aussaat ist im Frühjahr möglich, einfacher erfolgt die Vermehrung jedoch durch Kopfstecklinge, die vom Frühjahr bis zum Herbst geschnitten werden. Damit das Kraut buschig wächst, sollte der Strauch im Frühling und Spätsommer nach der Blüte gestutzt werden. Ausgewachsene Pflanzen kann man im Frühjahr (niemals im Winter) kräftig zurückschneiden.

Ernte
Salbeiblätter können laufend geerntet werden, die jungen, zarten Blätter sind am würzigsten. Für Arzneizwecke werden sie vor der Blütezeit geerntet sowie rasch und schonend an einem schattigen Ort getrocknet.

Der Salbei ist weltweit von tropischen bis in gemäßigte Gebiete verbreitet.

Thymian

Quendel, Feldthymian (Thymus serpyllum)

> „Der Quendel ist warm und gemäßigt. Und ein Mensch, der krankes Fleisch des Körpers hat, sodass sein Fleisch wie die Krätze ausblüht, der esse oft Quendel entweder mit Fleisch oder im Mus gekocht, und das Fleisch seines Körpers wird innerlich geheilt und gereinigt werden."
>
> (Hildegard von Bingen)

Es gibt viele unterschiedliche Thymianarten und -sorten, die in unterschiedlichen Gegenden überall auf der Welt wachsen. In ihrem Aussehen unterscheiden sie sich stark voneinander. Der Feldthymian ist ein ausdauernder, polsterartig wachsender, bis 40 cm hoher, stark aromatisch riechender Halbstrauch aus der Familie der Lippenblütler. Von einer tief in den Boden reichenden Zentralwurzel breiten sich liegende Stängel mit feinen, gegenständigen, ganzrandigen, graugrünen Blättchen aus. An den Zweigenden erscheinen rosafarbene Blüten in kugeligen Trauben. Blütezeit ist von Mai bis September.

Geschichte und Mythologie

Historiker glauben, dass die alten Sumerer als erste Thymian kultiviert haben, möglicherweise schon vor 5000 Jahren, und ihm antiseptische Eigenschaften zuschrieben. Der Gattungsname *Thymus* leitet sich möglicherweise von dem griechischen Wort „thumos" (Mut) ab. Eine andere Meinung besagt, dass er auf das griechische Wort „thyein" (duften) zurückgeht. Griechen und Römer verbrannten Thymian als Räucherwerk in ihren Tempeln. Die Römer verabreichten Thymian melancholischen und scheuen Menschen, damit sein Duft sie heilte. Plinius der Ältere empfahl, mit Thymian „gegen alle giftigen Kreaturen" zu räuchern. Römische Soldaten badeten in Thymianwasser, damit sie sich in der Schlacht als tapfer und mutig erwiesen. Der Legende nach zählte Thymian zu den Kräutern, auf denen das Jesuskind in der Krippe lag. Im Mittelalter stickten die Damen Thymianzweige auf die Tücher ihrer Ritter, wenn sie auf den Kreuzzug gingen.

Volksglauben und Brauchtum

Thymian galt als vortreffliches Mittel gegen alle Krankheiten, die mit gewöhnlichen Arzneien nicht zu behandeln waren, besonders dann, wenn böse Einfflüsse und dämonische Einwirkungen im Spiel waren. Ein mit im Thymian enthaltenem Öl hergestelltes Rezept verlieh einem die Fähigkeit, Feen zu sehen, wirkte aber auch gegen Schüchternheit. Wer einen Thymianzweig mit der rechten Hand dreimal um den Kopf schwang und dabei die Worte „Quandel mach mir Handel" sprach, dem sollten gute Geschäfte winken. Legte eine junge Frau am Vorabend von Sankt Agnes einen Thymianzweig in den einen Schuh sowie einen Rosmarinzweig in den anderen, so sollte sie ihren Zukünftigen sehen. Von jeher brachte man das Kraut aber auch mit dem Tod in Verbindung und glaubte, es gewähre den Seelen der Toten, insbesondere derjenigen, die gewaltsam ums Leben gekommen waren, Frieden.

Heilkraft

Thymian wirkt antiseptisch, als Aufguss ist er ein bewährtes Gurgelmittel bei Halsschmerzen und Zahnfleischentzündung. Thymiantee wirkt schweißtreibend und hilft bei Erkältungen, lindert Blähungen und wirkt krampflösend auf die glatten Muskeln.

Kultivierung

Im Garten gedeiht der Thymian an einem sonnigen bis halbschattigen Standort mit sandigem, durchlässigem, nicht zu nährstoffreichem Boden. Er lässt sich aus Samen anziehen, einfacher jedoch ist es, im Mai Jungpflanzen zu setzen. Je öfter man die Blütenstände zurückschneidet, desto dichter wächst die Pflanze. Die Vermehrung erfolgt durch im Frühjahr abgenommene Kopfstecklinge, die Pflanze sät sich aber auch selbst aus. Wenn man die welken Blätter immer wieder entfernt und die Pflanze nach der Blüte leicht zurückschneidet, dankt sie es mit vermehrtem Wachstum.

Ernte

Geerntet wird das ganze Kraut, die Blätter und Blütenspitzen im Sommer zu Beginn der Blüte, die Zweige in der Wachstumsperiode zur frischen Verwendung oder zum Trocknen.

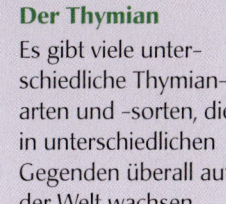

Der Thymian
Es gibt viele unterschiedliche Thymianarten und -sorten, die in unterschiedlichen Gegenden überall auf der Welt wachsen.

Thymian

Brennnessel
Feuerkraut, Gichtrute (Urtica dioica, U. urens)

„Wenn sie Nesselsaft tränken im März, bei helllichtem Mondenschein, So ginge noch manche Maid Spazieren am Ufer des Rhein.

(aus einem alten Kräuterbuch)

Brennnesselgewächse kommen überall in der Welt in über 30 Arten vor. Die wichtigsten bei uns vorkommenden Arten sind die mehrjährige, bis 150 cm hohe Große und die einjährige, bis 60 cm hohe Kleine Brennnessel. Beide Arten sind starkwüchsig und finden sich bevorzugt in der Nähe menschlicher Behausungen. Jedes Frühjahr entsprießt dem kriechenden Wurzelstock der Pflanze ein vierkantiger, aufrechter Stängel, der bis zu 120 cm hoch werden kann. Die Blätter stehen gegenständig, sind herzförmig, oval, grob gesägt und laufen spitz zu. Die zweihäusigen, kleinen, grünen Blüten bilden hängende Rispen. Die Brennborsten der Stängel und Blätter brechen leicht ab und sondern dabei einen scharfen Saft ab, der die Haut reizt und sogar zu einem schmerzenden Hautausschlag führen kann. Blütezeit ist von Juli bis September.

Geschichte und Mythologie

Bereits vor langer Zeit nutzte man die Brennnessel zur Herstellung von Stoff, so fand man in einem dänischen Grab aus der späten Bronzezeit einen Knochen, um den ein Stück Nessel gewickelt war. Der Gattungsname leitet sich aus dem lateinischen Wort „uro" (ich brenne) her. Römische Soldaten hielten sich mit dem Kraut warm, sie rieben Arme und Beine damit ein und regten so den Kreislauf an. Im 17. Jahrhundert gelangte die Pflanze mit den Siedlern nach Amerika. Bis ins 20. Jahrhundert wurde die Brennnessel zur Herstellung von Textilien verwendet.

Volksglauben und Brauchtum

In der Brennnessel vermutet man den Sitz eines dämonischen Wesens. „Das Kraut kenne ich", sagte der Teufel und setzte sich in die Brennnessel. Einem alten Zigeunerglauben nach sollen sich an den Stellen, an denen die Pflanze wächst, die Eingänge zu den Wohnungen der Erdgeister befinden. Wünschelrutengänger behaupten, dass die Brennnessel nur dort zu finden sei, wo das „magische Reis" ausschlage. Solche Orte galten auch als Anziehungspunkte für Blitze. Die Bergbauern legten beim Herannahen eines Gewitters Brennnesseln ins Herdfeuer, um das Haus vor Blitzeinschlag zu schützen. Die Pflanze diente ebenso als dämonisches Mittel, um Zauber vom Stall und der Milch abzuwehren. In der Hand gehalten schützte sie vor allen teuflischen Anfechtungen. Die Samen dienten zur Stärkung von Tieren, mancher alte Gaul wurde damit vor dem Verkauf aufgepäppelt. Ein Amulett gegen das „Verschreien" (Denunzieren) enthielt neben einem Strohhalm und einer Hahnenfeder auch ein Brennnesselblatt. In der Walpurgisnacht steckten die jungen Leute auf dem Hof Brennnesseln auf den Misthaufen und schlugen mit einem Stock darauf. Die Hexen sollten diese Hiebe spüren und keine Macht mehr über das Vieh haben. Früher ging man bei Fieberkrankheiten vor Sonnenauf- oder nach Sonnenuntergang drei Tage lang zu einer Brennnessel und sprach folgende Worte: „Guten Morgen (Guten Abend) liebe Alte, ich bring das Heiße und das Kalte, mir soll es vergehen und du sollst es bekommen." Wer ein gutes Jahr haben wollte, aß an Neujahr Brennnesselkuchen.

Heilkraft

Brennnesseln werden bei verschiedenen Beschwerden eingesetzt: als harntreibendes Mittel, als Abführmittel und bei Hämorrhoiden. Auch bei Hautproblemen und Ekzemen hilft die Pflanze. Da Brennnesseln viele Mineralien enthalten, sind sie ein gutes Mittel bei Blutarmut.

Kultivierung

Für Gärtner ist die Brennnessel eher eine Plage. Andererseits ist sie eine ausgesprochen nützliche Pflanze, da sie Schmetterlinge anlockt und einen Leckerbissen für Raupen darstellt. Brennnesseln gedeihen bevorzugt an sonnigen bis schattigen Plätzen auf stickstoffreichem Boden. Ein günstiger Standort wäre eine naturbelassene Ecke im Garten, wo sie und andere Wildkräuter und -blumen wachsen können. Die Vermehrung erfolgt durch Samen oder Teilung des Wurzelstocks im Frühjahr.

Ernte

Von Juni bis September werden die frischen Blätter gesammelt, die man vorsichtig (mit Handschuhen!) von den Stängeln streift, um sie dann (für die Zubereitung von Brennnesseltee) an der Luft zu trocknen. Das ganze Kraut wird zur Bereitung eines Brennnesselsaftes verwendet.

Brennnesselgewächse kommen überall auf der Welt in über 30 Arten vor.

Baldrian

Katzenkraut, Hexenkraut (Valeriana officinalis)

> Wenn die Natur nicht so wäre, wie sie ist, wenn wir Baldrian und Wohlgemut, Ehrenpreis und Augentrost, und alle Pflanzen im Feld und Wald, die uns in gesunden und kranken Tagen zu mancherlei Zwecken nützlich sind, selber aussäen, warten und pflegen müßten, wie würden wir alsdann erst klagen über des viel bedürftigen Lebens Mühe und Sorgen.
>
> (Johann Peter Hebel 1760–1826)

Der Baldrian ist eine doldenblütige, mehrjährige Pflanze, zu deren Gattung etwa 200 verschiedenen Arten gehören. Er wächst weltweit in allen gemäßigten Klimazonen, außer in Australien. Man findet ihn auf Feuchtwiesen, an Bächen und Flüssen. Die winterharte Staude wächst bis zu 120 cm Höhe aus einem kräftigen, walzenförmigen Wurzelstock, der viele dünnere Nebenwurzeln treibt. Der runde, gefiederte Stängel verzweigt sich im oberen Teil und ist mit unpaarig gefiederten, leuchtend grünen, tief eingeschnittenen Blättern besetzt. Ende April steigen aus den Blättern die ersten Stiele auf, die rosafarbene, intensiv duftende Einzelblüten in schirmförmigen Trugdolden tragen. Der strenge Duft der Blüten zieht Katzen magisch an, weshalb das Kraut im Volksmund auch „Katzenkraut" genannt wird.

Geschichte und Mythologie

Der botanische Name leitet sich vermutlich vom lateinischen „valeo" (mir ist wohl) ab und verweist auf die Heilkraft der Pflanze. Der deutsche Name könnte auf den germanischen Lichtgott Baldur, dem das Kraut geweiht war, zurückgehen. Da Katzen ausgezeichnet sehen können, wurde das Katzenkraut früher auch als Augenheilmittel angepriesen. Im Mittelalter galt es als Mittel gegen Pest und andere Seuchen. Eine weitere Bezeichnung, „Hexenkraut", lässt sich vermutlich auf den Geruch des Baldrians zurückführen, der angeblich böse Geister und Hexen vertreiben sollte.

Volksglauben und Brauchtum

Baldrian gilt im Zauberglauben als glückbringendes und tapfer machendes Mittel. Im Mittelalter wurde er zum „Ausräuchern" des Teufels und zur Vertreibung von Hexen verwendet. Als „Unruh" hängte man einen Strauß an die Stubendecke, um einen eintretenden Besucher als „verhext" denunzieren zu können. Je nach Gegend und Einschätzung wurde entweder eine Bewegung oder das Stillstehen des Straußes als Indiz des Bösen verstanden. Im Vogtland ging während der Pestzeit das „graue Männel" von Haus zu Haus. Sovielmal es an die Haustür klopfte, so viele Bewohner starben. Dabei sagte es: „Eure Nachbarn werden alle sterben, ihr müsst den Totengräber machen, trinkt Baldrian, so kommt ihr davon!" Der typische Geruch soll der Sage nach auch dem Rattenfänger von Hameln geholfen haben, der einen Baldrianzweig an seinem Gürtel befestigt haben soll und so die Ratten anlockte. Wenn Bäuerinnen Ärger mit der Milch hatten, die nicht zu Butter werden wollte, dann flochten sie aus Baldrian ein Kränzlein und gossen die „verhexte" Milch hindurch.

Heilkraft

Die Baldrianwurzel enthält ätherisches Öl und Valepotriate. Sie wirken krampflösend sowie beruhigend. Baldrian gehört zu den klassischen Mitteln bei nervösen Schlafstörungen, Unruhe- und Reizzuständen und gilt in der Volksmedizin als Nerven- und Beruhigungsmittel. Dafür hat er sich als Tee, Tinktur und homöopathisches Mittel bewährt.

Kultivierung

Baldrian ist ein Frühblüher. Solange seine Wurzeln kühl stehen, gedeiht er auf nahezu allen Böden, sowohl in der Sonne, als auch im Schatten. Im Frühjahr erfolgt die Aussaat und Teilung des Wurzelstocks. Der Samen wird direkt ins Freiland ausgesät, jedoch nicht mit Erde abgedeckt. Nach der Blüte im Sommer wird die Pflanze zurückgeschnitten und im Herbst geteilt. Baldrian fördert das Wachstum von Pflanzen, da er den Phosphorgehalt im Boden steigert und Regenwürmer anlockt. Er sollte deshalb auch in gemischten Rabatten und im Gemüsegarten kultiviert werden.

Ernte

Man gräbt im Herbst die Wurzel einer 2- bis 3-jährigen Pflanze aus, wäscht sie gründlich und entfernt die fasrigen Wurzelteile, sodass das essbare Rhizom übrig bleibt. Es wird zum Trocknen in Stücke geschnitten und aufgehängt.

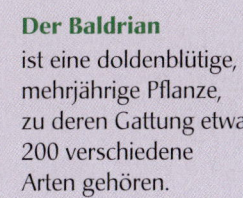

Der Baldrian ist eine doldenblütige, mehrjährige Pflanze, zu deren Gattung etwa 200 verschiedene Arten gehören.

Königskerze
Himmelbrand, Marienkerze (Verbascum densiflorum)

> „Die Königskerze ist warm und trocken und etwas kalt, und wer ein schwaches und trauriges Herz hat der koche Königskerze mit Fleisch oder mit Fischen oder mit Pfannkuchen ohne andere Kräuter, und er esse das oft, und es stärkt sein Herz und macht es fröhlich."
>
> (Hildegard von Bingen)

Die Königskerze wächst in ganz Europa wild, mit Ausnahme des hohen Nordens. Man findet sie zerstreut in sonnigen Unkrautfluren, an Schuttplätzen, Wegrändern, Dämmen, Ufern und auch in Waldschlägen. Die zweijährige, 50 bis 250 cm hohe Pflanze aus der Familie der Braunwurzgewächse zeigt sich im ersten Jahr nur als Blattrosette, aus der sich im zweiten Jahr ein hoher Spross mit eiförmigen, leicht gekerbten Blättern und weit geöffneten, gelben, in Büscheln stehenden Blüten erhebt. Blütezeit ist von Juli bis September.

Geschichte und Mythologie

Bei unseren Vorfahren war die Heilkraft der Königskerze wohlbekannt. So benutzte der berühmte Arzt Dioskurides die Wurzeln und Blätter, um Durchfälle zu behandeln, setzte sie auch bei Magenkrämpfen, Wunden, Geschwüren und Schwellungen ein. Aristoteles nutzte den Samen zum Fischfang, dies in gleicher Weise wegen der nervenlähmenden Wirkung des Inhaltsstoffes Saponin. Odysseus soll Königskerze eingenommen haben, um sich vor der Zauberin Kirke zu schützen, die die Pflanze bei ihren magischen Ritualen verwendete. Hildegard von Bingen verschrieb den schwermütigen Patienten, dass sie Blätter und Blüten, zusammen mit Fleisch, Fisch oder Mehlspeisen gekocht, zu sich nehmen sollten, um wieder ein starkes und freudiges Herz zu bekommen. Der Frankfurter Arzt Lonicerus (1528–1586) verwendete die Königskerze bei Brustverschleimung, Herzschwäche und Fieber, bei Wunden und Geschwülsten. Der Sage nach verirrte sich einst ein englischer König mit seinem Sohn in den Katakomben Roms. In der Dunkelheit konnten sie den Ausgang nicht mehr finden und fürchteten den Hungertod. Als sie um Hilfe beteten, ging plötzlich von der Blume, die der Sohn am Eingang gepflückt hatte, ein Leuchten aus, sodass die beiden glücklich herausfanden. Seither trägt diese Blume den Namen „Königskerze".

Volksglauben und Brauchtum

Nach altem Glauben verliert die Königskerze ihren Duft, wenn ein Leichenzug vorbeikommt. Wächst sie auf einem Grab, soll man für den Toten beten. Im Amulett um den Hals getragen, sollte die Blume empfängnisverhütend wirken und gegen „den Schlag und alle Flüss des Leibes" helfen. Dazu musste sie aber unter bestimmten Bedingungen ausgegraben werden: entweder in der Johannisnacht oder vor Sonnenaufgang an einem Freitag im „Frauendreißiger". Vielfältig war die Nutzung der Pflanze als Orakel. Neigte sie mit der Spitze nach Westen, gab es schlechtes Wetter, nach Osten verhieß es Sonnenschein. Je nach Anordnung und Fülle der

Blüten konnte man die Dauer des Winters vorhersagen. Zur Heilung von Schwerkranken wurde der Stängel der Königskerze nach Osten umgeknickt – die Seele der Pflanze stieg dann mit der aufgehenden Sonne in den Himmel hinauf, während die des Kranken noch auf der Erde verweilen durfte. Um Kleinkindern das Zahnen zu erleichtern, hängte man ihnen einen Beutel mit Samen um den Hals.

Heilkraft

Ein Tee aus getrockneten Blüten und Blättern wirkt beruhigend und hilft bei Erkältungen und Husten. Bei Ohrenschmerzen verschafft das aus frischen Blüten und Olivenöl hergestellte „Königsöl" Erleichterung.

Kultivierung

Im Garten braucht die Pflanze einen sonnigen Platz, mit trockenem, nährstoffreichem, vorzugsweise kalkhaltigem Boden. Die Aussaat erfolgt im Frühsommer direkt ins Freiland. Es dauert etwa 3 Wochen, bis die Keimlinge zum Vorschein kommen. Wenn die Jungpflanzen kräftig genug sind, setzt man sie im Abstand von 50 cm an die vorgesehenen Plätze. Hat die Königskerze erst einmal Fuß im Garten gefasst, sät sie sich von selbst im ganzen Garten aus.

Ernte

Die Blüten und Blätter werden während der Blüte, am besten vormittags, geerntet, für einige Stunden in die Sonne gelegt und anschließend so rasch wie möglich an der Luft getrocknet.

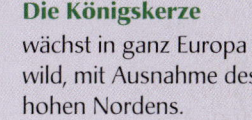

Die Königskerze wächst in ganz Europa wild, mit Ausnahme des hohen Nordens.

Königskerze

Eisenkraut

Venuskraut, Wunschkraut (Verbena officinalis)

„Eisenkraut, so jemand solches bey sich trägt, und redet den Patienten an. Wie lebet man, oder was macht Ihr, und er spricht schlecht, so stirbt er."

(Valentinus Kräutermann, 1725)

Das Eisenkraut war ursprünglich im Mittelmeerraum beheimatet, man findet es heute aber auch in Nordeuropa und Nordamerika, wo es an Wegrändern und in Wiesen wächst. Die ausdauernde, 30 bis 80 cm hohe Pflanze aus der Familie der Eisenkrautgewächse hat einen steifen, rauen, vierkantigen Stängel mit lanzettlichen, grob gekerbten bis fiederspaltigen Blättern. Die kleinen rötlichen oder blasslila Blüten sind in Ähren angeordnet. Blütezeit ist von Juli bis September. **Achtung**: Wegen seiner Seltenheit steht Eisenkraut unter Naturschutz.

Geschichte und Mythologie

Das Eisenkraut ist eine Pflanze, mit der sich viele Mythen verbinden, und bei den alten Völkern stand sie in hohem Ansehen. In Ägypten nannte man sie „Träne der Iris" und verbrannte sie bei Feiern und Zeremonien. Die Perser schätzten Eisenkraut als Zauber-, Heil- und Küchenkraut. Von den Römern wurde es bei Kriegszügen und Friedensschlüssen mitgeführt. Ihre Gesandten, die man zum Friedensschluss schickte, trugen das Kraut mit sich oder einen *Verbena*-Kranz auf dem Kopf und hießen deshalb „Verbe-narii". Die Kelten verwendeten die Pflanze bei Kulthandlungen und Opferritualen. Die Kelten waren es auch, die sie als erstes „Eisenkraut" nannten. Im Mittelalter wurde Eisenkraut für Besegnungen gebraucht, Geistliche verwendeten es auch beim Exorzismus. Martin Luther verurteilte aber dies: „Leute die Eisenkraut an die Kinder binden, die sie zur Taufe bringen, schänden das heilige Sakrament." Es war auch Bestandteil einer Salbe, die vor Hexen und Dämonen schützen sollte: „Eisenkraut und Dill hindert der Hexen Will'".

Volksglauben und Brauchtum

Das Kraut sollte große Liebeskraft bewirken und galt auch als ein „gut Kräutlein für unfriedsame Eheleut". Im Amulett um den Hals getragen, machte es den Träger allseits beliebt. Gab man der Wöchnerin Eisenkraut ins Bett, so nahm weder sie noch das Kind Schaden. Kinder sollten durch Eisenkraut einen „guten Verstand" erlangen. Pferde liefen schneller, wenn man ihnen das Kraut an den Schweif band. In Sachsen galt das Kraut als sicheres Mittel gegen Hagelschlag und Sturm sowie bei Prophezeiungen aller Art. In den Acker gestellt, sollte es eine reiche Ernte verschaffen und das Feld vor Unwetterschäden bewahren. Wer Eisenkraut ausgraben wollte, sollte es nach einer bestimmten Anleitung tun: „Dieses Kraut muss mit einem goldenen oder silbernen Werkzeug aus der Erde gehoben werden, dann muss es liegen bleiben, bis der Morgentau darauf fällt, während welcher

Zeit man es nicht verlassen darf". Wer Eisenkraut pflückte, musste es segnen, da angeblich die Blutungen Christi bei der Kreuzigung mit Eisenkraut gestillt wurden.

Heilkraft

Das Eisenkraut enthält Verbenalin, Gerb- und Bitterstoffe, lösliche Kieselsäure, Alkaloide und ätherisches Öl. Man verwendet es zur Stärkung des Nervensystems sowie zur Behandlung von Depressionen, nervösen Zuständen und Migräne.

Kultivierung

Im Garten gedeiht die Pflanze an einem sonnigen Standort mit durchlässigem, eher trockenem Boden. Sie harmoniert gut mit Thymian, Ysop und Origano.

Die Vermehrung erfolgt durch Aussaat im Frühjahr und Herbst oder durch Teilung im Frühjahr oder durch Triebstecklinge im Sommer. Die Bildung von Zweigen wird gefördert, wenn man die Spitzen neuer Triebe abknipst. Die Kaltkeimer keimen erst nach einer Frostperiode im nächsten Frühjahr.

Ernte

Geerntet wird das ganze Kraut zur Blütezeit. Man verwendet es frisch oder hängt es gebündelt an der Luft zum Trocknen auf.

Das Eisenkraut war ursprünglich im Mittelmeerraum beheimatet, man findet es heute aber auch in Nordeuropa und Nordamerika

Veilchen

Duftveilchen, Vegeli (Viola odorata)

„Wenn einst ein Frühling kommt, wo ich dir keine Veilchen bieten kann, so werde ich nicht mehr unter den Lebenden weilen. Du mußt dann mein Grab mit diesen Blumen schmücken und solange eines blühen wird, werde ich dir nahe sein und sollst an den denken, der dir jedes Frühjahr die ersten Veilchen brachte."

(der Maler Giovanni Segantini an seine Frau)

Das Duftveilchen, auch Märzveilchen oder Wohlriechendes Veilchen genannt, gehört zur Familie der Veilchengewächse. Es ist im Mittelmeergebiet bis hin zum Kaukasus und Kurdistan beheimatet und in weiten Teilen Europas eingebürgert. Diese Veilchenart ist vor allem wegen ihres süßen Dufts bekannt. Die rhizombildende, mehrjährige, krautige Pflanze erreicht Wuchshöhen von 5 bis 10 cm. Die grasgrünen, ei- bis herzförmig geformten Blätter stehen in einer Rosette und sind schwach gekerbt. Vom späten bis zum zeitigen Frühjahr erscheinen die kleinen tiefvioletten Blüten und sind eine der ersten Blumenblüten im Jahr.

Geschichte und Mythologie

Das Veilchen wird seit der Antike kultiviert, weil es sowohl im religiösen Ritus als auch in der Heilkunde schon sehr früh Verwendung fand. Spätestens seit dem frühen Mittelalter wurde es auch in Mitteleuropa als Zier- und Heilpflanze angebaut. Zahlreiche Legenden ranken sich um den Ursprung der Pflanze. Die Tochter des Atlas soll in ein Veilchen verwandelt worden sein, als sie sich vor Apoll versteckte. In Griechenland hatte sich ein regelrechter Veilchenkult entwickelt, überall wurden Veilchengärten angelegt. Dies veranlasste Homer zu der Bemerkung, dass die Olivenhaine vernachlässigt würden, nur damit „Rosen, Veilchen und anderes duftendes Unkraut" wachsen könnten. Jupiter ließ Veilchen als Nahrung für seine in eine Kuh verwandelte Geliebte Io wachsen. Wegen seines Duftes und der dunklen Blüten galt das Veilchen den Griechen auch als Blume der Liebe. Schon sie schenkten Veilchen gerne der Angebeteten, um so auf die sich regende Zuneigung hinzuweisen. Ein byzantinischer Hofarzt um 400 n. Chr. meinte, wenn man die ersten Veilchen des Frühlings anfasst, sei man ein ganzes Jahr vor Krankheiten geschützt. In deutschen Sagen ist das Veilchen eine Wunderblume, die verborgene Schätze anzeigt. In den Bergen, an Plätzen, an denen Veilchen wachsen, öffnen Zwerge Höhlen, in denen Reichtümer zu finden sind. In früheren Zeiten war das Veilchen Symbol für Unschuld, Reinheit, Bescheidenheit, Demut, Jungfräulichkeit, aber auch für Frühling und Fruchtbarkeit.

Volksglauben und Brauchtum

Es wird erzählt, dass alle zehn Jahre in der Walpurgisnacht die Jungfrau von Tscherneborg aus ihrem Schlaf erwacht, den sie als verzaubertes Veilchen schläft. Wer die Blume in diesem Augenblick pflückt, bekommt das Mädchen zur Frau und dazu all ihre Schätze. In der Bretagne werden am Karfreitag Veilchen ausgestreut, um den Frühling herbeizulocken. Weil das Veilchen auch im Getreide wuchs, zertraten Frauen und Mädchen, die es um seines Duftes willen sammelten, das Korn, was die Bauern sehr grämte. Da habe es die Heilige Dreifaltigkeit angefleht, ihm den Duft zu nehmen, damit es länger lebe. In Siebenbürgen war es Brauch, einem neugeborenen Kind Stiefmütterchenkraut ins erste Badewasser zu geben und es „im Namen Gottes" darin zu baden.

Heilkraft

Veilchentee soll hilfreich bei grippalen Infekten, Bronchitis und Halsentzündungen wirken. Bei Ohrenkrankheiten, einigen Augenkrankheiten und Keuchhusten versucht die Homöopathie mit Veilchen-Präparaten Erfolge zu erzielen.

Kultivierung

Im Garten braucht die Pflanze einen halbschattigen bis schattigen Platz mit leicht feuchtem, nährstoffreichem Boden. Die Aussaat erfolgt im Frühjahr, später sät sich die Pflanze von selbst aus. Sie kann aber auch durch vorsichtige Teilung oder Stecklinge vermehrt werden. Die Pflanze verbreitet sich durch Ausläufer sodass sie allmählich weitere Flächen besiedeln kann, wenn man sie ungestört wachsen lässt. Die Früchte werden auch von Ameisen verbreitet, sodass das Duftveilchen überall im Garten auftauchen kann.

Ernte

Die ganze Pflanze wird während der Blütezeit geerntet und an einem luftigen Ort getrocknet. Veilchenblüten sind frisch essbar.

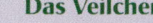

Das Veilchen ist im Mittelmeergebiet bis hin zum Kaukasus und Kurdistan beheimatet und in weiten Teilen Europas eingebürgert.

...pflanzen...garten

Wer sich heute wieder dem Zauber der Pflanzen öffnet, der findet ein neues Gartenerlebnis. Denn mit der Abschaffung des Aberglaubens sind leider auch Fantasie und bildhaftes Empfinden verloren gegangen. Dieses Kapitel soll dazu anregen, die jeweils individuelle magische Bedeutung der Pflanzen selbst herauszufinden. Das setzt allerdings voraus, dass man bereit ist, mit ganzem Herzen in ihre Mysterien einzutauchen.

Der Garten der Kräuterhexen

Jede Pflanzenart hat natürlich einen eigenen Charakter, ihre spezifische Ausstrahlung und Energie. Kräuter enthalten eine Bestärkung unserer Wünsche und Träume. Nun ist jeder Mensch ein Individuum, und es hat nicht jede Pflanze auf jeden Menschen die gleiche magische Wirkung, obwohl sich die Eigenschaften in ihren Grundzügen in der Regel gleichen.

„Kräuterhexen" würden, um sich Entspannung zu verschaffen, vor allem Lavendel pflanzen. Denn das duftende Kraut wirkt beruhigend und krampflösend, in größeren Mengen macht es sogar schlaftrunken. Sonst aber geht es im „Hexen- und Zaubergarten" bei all den mystischen Farben viel zu „gruselig" zu, als dass Entspannung eintreten könnte. Abgesehen davon ist solch ein Garten einfach aufregend und spannend. Man muss nur hineinschauen in die geheimnisvolle Welt und staunen, was sich da so alles abspielt.

> „Obwohl mein Leben in Zurückgezogenheit allerlei Freuden bietet, sind sie nichts im Vergleich zu der Zeit, die man dem Studium der Kräuter widmet oder dem Bestreben, der Natur praktische Kenntnisse abzugewinnen. Schafft euch also einen Garten an!"
> (Walafrid Strabo, „Der Hortulus")

Blauer Eisenhut

Wilde Hexenkräuter

Wilde Hexenkräuter sind heute in der Natur oft schon eine Seltenheit geworden wie die Dornige Hauhechel, das Gnadenkraut und der höchst giftige Aronstab. Vor allem Giftpflanzen werden immer mit allerlei Zauber in Verbindung gebracht wie das tödlich giftige Bilsenkraut mit seinen geheimnisvollen, schönen Blüten oder die Tollkirsche. Auch der Blaue Eisenhut, die giftigste heimische Pflanze, ist eine heute beliebte Gartenpflanze.

Heil- und Gewürzkräuter sind sehr kraftvolle Pflanzen. Die meisten von ihnen sind kaum züchterisch bearbeitet worden und stehen uns in ihrer ganzen Natürlichkeit zur Verfügung. Das bedeutet, dass wir bei Anbau und Verwendung von ihrer ungebändigten Vitalität profitieren können.

Dornige Hauhechel

Mit der Anpflanzung von aromatischen Kräutern schafft man ein Refugium für Bienen und Schmetterlinge.

Wilde Hexenkräuter

Den Zauberpflanzengarten anlegen

Heil- und Gewürzkräuter finden sich heute fast in jedem Garten, selbst dort, wo ansonsten auf Nutzpflanzen verzichtet wird. Wer einmal frische Blätter und Triebe aus dem Garten geerntet hat, weiß, dass sie jeder abgepackten Handelsware überlegen sind. Darüber hinaus schafft man mit der Pflanzung von aromatischen Kräutern für Bienen und Schmetterlinge ein Refugium und zieht allerlei Nützlinge an – ein Grund mehr, Kräuter in den Garten zu holen. Dabei wird man auch den Duft zu schätzen lernen, den viele von ihnen bereits an Ort und Stelle verströmen. Manche ihrer Blüten sehen so hübsch aus, dass sie jederzeit neben Sommerblumen und Stauden bestehen können. So demonstrieren sie nebenbei anschaulich die Verbindung des Angenehmen mit dem Nützlichen. Kräuter müssen deshalb nicht ausschließlich auf ein Beet im Gemüsegarten verbannt werden, sondern können als eigenständiges Element in die Gestaltung von Garten und Terrasse einbezogen werden.

Der beste Platz

Es gibt keinen Garten, in dem sich nicht ein passendes Fleckchen für ein paar Kräuter finden lässt. Ein großer Kräutergarten kann ein Paradies der Düfte und eine Fundgrube natürlicher Heilschätze sein. Bei einem kleinen Garten genügt schon die Anlage eines Beets mit heilenden und würzenden Kräutern. Auf diese Weise hat man immer eine kleine Gartenapotheke zur Hand und kann außerdem mit aromatischen, frischen Kräutern die Speisen würzen.

Die meisten Kräuter, die heute in unseren Gärten gedeihen, waren ursprünglich im Mittelmeerraum beheimatet. Dort wachsen noch heute Salbei, Thymian, Lavendel und Rosmarin wild an sonnigen und heißen Standorten. Deshalb sollten sie auch im Kräutergarten einen sonnigen und warmen Platz bekommen. Im lichten Schatten fühlen sich in der Regel nur einheimische Pflanzen wohl, die von jeher an ein kühleres Klima gewöhnt sind. Zu ihnen gehören Pfefferminze, Petersilie, Liebstöckel und Schnittlauch. Besonders günstig sind Plätze vor einer hellen Mauer oder Hauswand, vor dicht bepflanzten Zäunen oder Hecken, wo die Wärme reflektiert wird und sich länger hält. Das gilt auch für nach Süden oder Westen weisende Hanglagen, zum Beispiel unterhalb einer Terrasse.

Gerade bei Würz- und Duftkräutern fördert ein sonniger Standort nicht nur das Wachstum, sondern auch die Bildung der

Die meisten Kräuter brauchen Sonne und Wärme, um die gewünschten Wirkstoffe zu entwickeln.

erwünschten Aromastoffe. Diese entwickeln sich umso intensiver, je mehr Sonne und Wärme der Pflanze vergönnt waren. Das ist besonders wichtig für die Konservierung der Kräuter.

Pflanzenauswahl

Ist ein günstiger Standort gefunden, bleibt die Gestaltung des Zauberpflanzengartens der Fantasie und dem persönlichen Geschmack überlassen. Die Auswahl der Pflanzen kann sich an den in diesem Buch ausgewählten und vorgestellten Pflanzen orientieren. Dabei darf nicht vergessen werden, dass bei einer gelungenen Bepflanzung immer ein ausgewogenes Verhältnis zwischen Form und Farbe herrschen sollte. Vor allem Farbe ist eines der Gestaltungsmittel, das die Atmosphäre des Kräutergartens maßgeblich beeinflusst und somit oft ausschlaggebend bei der Wahl und Gruppierung der Pflanzen ist.

Den Zaubergarten anlegen

Den Zauberkräutergarten gestalten

Die Kräuteruhr

Ein echter Zauber- oder Hexenkräutergarten wird in einer „Kräuteruhr" angelegt. Man teilt ein rundes Beet in 12 gleichgroße „Kuchenstücke" ein, die Trennungslinien dazwischen können mit schönen Kieselsteinen dekoriert werden. Wer viel Platz hat, kann die Kräuteruhr so groß anlegen, dass sie begehbar ist, also die Trennungslinien praktisch zu Wegen werden. Diese lassen sich mit schönen Steinplatten oder Natursteinen auslegen. Der Fantasie und Kreativität sind hierbei keine Grenzen gesetzt. Eine schöne Alternative ist das Bepflanzen eines großen, alten Wagenrads. Die Unterteilungen sind durch die Speichen bereits gegeben, es fehlt also nur noch die Bepflanzung.

Monat	Stundenfeld	Pflanzen
Januar	1	Efeu, Schneeglöckchen, Christrose
Februar	2	Schneeglöckchen, Krokus, Schlüsselblume
März	3	Schlüsselblume, Huflattich, Brennnessel
April	4	Rosmarin, Immergrün, Vergissmeinnicht
Mai	5	Thymian, Spitzwegerich, Salbei, Kamille, Baldrian
Juni	6	Schafgarbe, Ringelblume, Pfefferminze, Johanniskraut, Kamille
Juli	7	Wegwarte, Fenchel, Lavendel, Bohnenkraut, Sonnenblume
August	8	Kamille, Tausendgüldenkraut, Bohnenkraut
September	9	Astern, Kamille, Tausendgüldenkraut, Bohnenkraut
Oktober	10	Schafgarbe, Lorbeer, Astern
November	11	Wermut, Chrysanthemen
Dezember	12	Efeu

Ein eigener Zauberpflanzengarten

Formen im Hexengarten

In den Gärten der alten Hexen hatten Formen bestimmte Bedeutungen.

Kreis
Der Kreis steht für Beständigkeit und Schutz. In einem kreisförmigen Beet konzentrieren sich die Kräfte. Hier gedeihen die Pflanzen auch auf weniger gutem Boden. Kreisförmig ausgelegte, größere Kiesel sollen auch schwächere Pflanzen stärken, weil sie Erdenergie sammeln.

Dreieck
Das Dreieck steht für Bodenständigkeit und Realitätssinn, aber auch für die Dreieinigkeit im christlichen Glauben.

Spirale
Die Spirale soll Energie vermitteln und das immer wiederkehrende Leben symbolisieren. Dies wird zum Beispiel in der Kräuterspirale umgesetzt.

Den Zaubergarten gestalten

Glückbringende Pflanzenkombinationen

Lavendel

Kombinationen bestimmter Pflanzen im Garten gelten als glückbringend:

Glück in der Liebe:
- Lavendel lockt den ersehnten Traumpartner an
- Ringelblume steht für einen Neuanfang
- Salbei hilft bei Liebeskummer

Schutz:
- Johanniskraut schützt vor Unheil
- Beifuß wehrt Hass und Neid ab
- Schafgarbe schützt besonders Kinder und Tiere

Erfolg:
- Thymian bringt Glück ins Haus
- Rosmarin sorgt für steten Reichtum

Ringelblume

Schafgarbe

Ein eigener Zauberpflanzengarten

Rosen lassen sich sehr schön mit Kräutern wie Lavendel und Rosmarin kombinieren.

Kräuter im Ziergarten

Kräuter mit zierenden Blüten und Blättern lassen sich in größeren Tuffs oder Horsten mit höher wachsenden Stauden kombinieren und in den Ziergarten integrieren. Lavendel und Salbei passen beispielsweise sehr gut zu Rosen, Pflanzungen mit Einjährigen können gut mit Ringelblume und Melisse und Ysop ergänzt werden. Mit auffallend hellen, silbergrauen oder bläulichen Blättern schmücken sich u.a. Wermut und Weinraute. Der Steingarten eignet sich ganz besonders für Arten, die die pralle Sonne lieben und mit wenig Feuchtigkeit auskommen wie Feldthymian, Weinraute und Salbei. Der Aufenthalt am Gartensitzplatz gewinnt zusätzlichen Reiz, wenn in seiner Umgebung aromatische Kräuter wie Thymian, Zitronenmelisse, Minze, Salbei, Origano und Basilikum für sinnlichen Duft sorgen.

Formen und Einfassungen

Grundformen, nach denen sich ein Zauberpflanzengarten anlegen und gestalten lässt

Was einen Kräutergarten so reizvoll und magisch macht, ist seine beschauliche Stille, in der man die Sorgen des Alltags für eine Weile vergessen kann. Diese Atmosphäre lässt sich besonders in einem eingefriedeten Garten verwirklichen. Man kann zum Beispiel eine Hecke pflanzen oder Mauern oder Zäune errichten, um ein Gefühl der Abgeschlossenheit und Intimität zu vermitteln. Gleichzeitig wird so den Pflanzen Schutz geboten.

Kräuter eröffnen ganz spezielle Einsatzmöglichkeiten bei der Gartengestaltung. Mit Römischer Kamille, Feldthymian oder Minze lässt sich ein einheitlich bepflanzter Kräuterrasen anlegen. An Beet- oder Rabattenrändern kommen niedrig wachsende Kräuter als Einfassung infrage, höhere Arten wie Beifuß und Liebstöckel können den Hintergrund von Rabatten bilden. Mit verholzenden Kräutern wie Lavendel, Ysop und Weinraute lassen sich halbhohe, duftende Hecken anlegen. Niedrig oder flach wachsende Arten können Wege säumen oder zwischen den Platten und Stufenfugen gedeihen.

Die Einfassung der Kräuterbeete will gut überlegt sein. Niedrige Formschnitthecken aus Buchs sind sehr dekorativ, verlangen aber viel Pflege. Weniger Aufwand benötigen Einfassungen aus Schnittlauch und Petersilie, da man diese Pflanzen weitgehend sich selbst überlassen kann und sie schon bald reichlich in der Küche Verwendung finden können. Auch Lavendel und Rosmarin eignen sich hervorragend als Randbepflanzung.
Kräuterecken und -beete erlauben von naturnah bis ornamental die unterschiedlichsten Formen.

Der historische Kräutergarten

Bei der Gestaltung eines eigenen Zaubergartens kann man sich auch die mittelalterlichen Klostergärten zum Vorbild nehmen. Sie eignen sich vor allem für rechteckige Grundstücke. Ein Längs- und ein Querweg bilden die charakteristische Kreuzform, in deren Mitte ein Brunnen oder ein kleiner Baum den Blickfang bildet. Seitlich, zum Beispiel entlang einer Mauer, sind bunt bepflanzte Beete angelegt. Natürlich sollen die wichtigsten

Ein gepflasterter Kräutergarten ist eine gepflegte und stilvolle Anlage, die wenig Arbeit macht.

Zauberkräuter in diesem mittelalterlichen Garten vertreten sein wie Fenchel, Knoblauch, Lavendel, Minze, Petersilie, Rosmarin, Salbei und Thymian. Die Wege werden mit niedrig wachsendem, in Form geschnittenem Buchs eingefasst.

Der gepflasterte Kräutergarten

Er hat eine klare Linienführung und geht auf die frühe islamische Kultur zurück, in der es üblich war, kleine Innenhofgärten mit Ziegeln und Steinplatten einzufassen. Die glatten Flächen heizen sich unter der Sonneneinstrahlung auf, geben noch stundenlang die Wärme ab und sind somit die ideale Umgebung für winterharte, mehrjährige Kräuter. Ein gepflasterter Garten ist eine stilvolle und gepflegte Anlage, die wenig Arbeit macht und dennoch geordnete Ruhe ausstrahlt.

Der formale Kräutergarten

Sein besonderer Reiz liegt in seiner friedvollen und harmonischen Atmosphäre. Selbst auf ein Mini-Format reduziert, vermittelt er auch in klassischer Symmetrie noch das Gefühl von Intimität und wird zu einer Oase der Ruhe. Die Bepflanzung beschränkt sich generell auf einige wenige Kräuterarten. Dies erweist sich je nach Art der genutzten Gartenfläche durchaus als sinnvoll. Denn für den formalen Kräutergarten gilt die Regel: Weniger ist mehr! Zuerst muss der Gesamteindruck des künftigen Kräutergartens festgelegt werden. Sollen natürliche Formen und sattes Grün überwiegen oder bevorzugt man eine eher „künstliche" Anordnung, bei der die festen Elemente (Wege, Mauern, Stufen) bewusst hervorgehoben werden. Vielleicht möchte man auch die Pflanzen selbst als formales Gestaltungsmittel (zum Beispiel in Form geschnittene Buchsbäumchen) einsetzen. Nur wenn alle Elemente optimal zur Wirkung kommen, lässt sich das Ergebnis als gelungen bezeichnen.

Das Wegekreuz

Das Wegekreuz und die Einfassungspflanzung stammen ursprünglich aus den Klostergärten und haben bis heute Tradition. Die Form des Kreuzes mit einem

Das Wegekreuz hat im Kräutergarten Tradition.

meist kreisförmigen Mittelpunkt wirkt sehr geschlossen und harmonisch. Grundregel ist, dass vier Wege im Kreuz angeordnet werden, im Kreuzungspunkt sollte entweder ein rundes Beet mit einer Strauchrose, einer Rosensäule oder auch ein kreisförmiges Becken oder ein Brunnen platziert werden. Ist die Anlage so groß, dass sich der Mittelpunkt als kleiner Platz gestalten lässt, können Bänke oder andere Sitzgelegenheiten aufgestellt werden. So wird der Zauberpflanzengarten zum kontemplativen Ort, an dem man Ruhe finden kann. Als Belag genügt Feinkies, was allerdings einen befestigten Unterbau mit wassergebundener Decke voraussetzt. Gute Alternativen zum Aufkiesen sind natürlich wirkende Beläge aus großen Feldsteinen, Granit oder frostharten Tonplatten. Solche Beläge sind gegenüber einer Kiesdecke deutlich pflegeleichter, benötigen aber auch einen fachgerechten Unterbau, damit sie sich nicht unkontrolliert senken.

Die Kräuterspirale

Mit der Kräuterspirale bietet sich eine besonders hübsche Möglichkeit, Würz- und Heilpflanzen in den Garten einzugliedern. Sie ist ein dreidimensionales Beet, das auf kleinstem Raum ermöglicht, den Standortansprüchen von Pflanzen aus verschiedenen Klimazonen gerecht zu werden. Die Oberfläche der Kräuterspirale wird durch einen sich spiralig nach oben windenden Turm vergrößert, die Seitenwände dieses

Eine Kräuterspirale bietet Raum für Pflanzen aus verschiedenen Klimazonen.

Turms werden durch Steine befestigt, die die Sonnenwärme speichern und an die Pflanzen abgeben. Den Fuß der Kräuterspirale bildet ein kleiner Teich, der zusätzlich Wärme speichert und reflektiert. Das sich nach oben windende Beet füllt man mit Gartenerde oder magerem Mischboden auf.

Eine Kräuterspirale kann im Frühjahr oder im Herbst angelegt werden und soll frei zur Sonne stehen. Eine harmonisch gestaltete Kräuterspirale braucht eine kreisrunde Grundfläche mit etwa 3 m Durchmesser und 1 m Höhe. Die Mauern werden beginnend vom Teich von außen nach innen aufsteigend gebaut. Verwendet man runde Natursteine, müssen die Zwischenräume mit Erde ausgefüllt werden. Der Raum zwischen den Mauern sollte etwa 60 cm breit sein. Der Teich kann mit Teichfolie ausgelegt werden, dann lässt er sich frei gestalten. Bei der Bepflanzung sind der Fantasie keine Grenzen gesetzt. Auf einer großzügig angelegten Kräuterspirale finden Heil-, Gewürz- und Wildkräuter Platz. Bei der Pflanzenauswahl für eine kleinere Kräuterspirale empfiehlt es sich, auf kleinwüchsige Sorten auszuweichen.

Formen und Einfassungen

Ein Würzkräutergarten

Würzkräuter sollten in der Nähe des Hauses wachsen, damit der Weg zur Küche nicht so weit ist. Vor allem bei schlechtem Wetter ist der Weg durch den nassen Garten für ein Sträußchen Petersilie, ein wenig Schnittlauch oder ein paar Blättchen Majoran lästig. Ein Würzkräutergärtchen braucht nicht viel Platz und sieht dekorativ aus, ein weiterer Grund, es in der Nähe der Terrasse anzulegen. Die Beete können klein sein, damit man die Kräuter gut erreichen kann und man für einen normalen Haushalt von den meisten Gewürzkräutern nur ein oder zwei Pflanzen für die Küche braucht. Die Pflanzen müssen so angeordnet werden, dass die mehrjährigen, hohen Arten nicht nach einigen Jahren die niedrigen zu stark beschatten.

Bepflanzungsvorschlag

Größe: 2,5 x 2,5 m

Einfassung: Buchsbaum
1 Salbei, Liebstöckel, Kamille
2 Petersilie, Dill, Schnittlauch
3 Origano, Majoran, Rosmarin
4 Thymian, Basilikum, Zitronenmelisse
  dazwischen auf den Segmenten
  Ringelblumen

Ein Duftgarten

Bepflanzungsvorschlag

Für die meisten Menschen ist ein Duftgarten ein verzaubertes Fleckchen Erde, eine Art paradiesischer Zufluchtsort. Er sollte möglichst geschützt (z.B. vor einer Mauer) angelegt werden, damit die Wohlgerüche der aromatischen Blätter und Blüten in der warmen, windstillen Luft nicht verfliegen. Ätherische Öle, die Träger der Düfte, haben Hochkonjunktur und verbreiten in den Häusern über Duftlampen eine angenehme Atmosphäre. Viele der aromatischen Pflanzen sind beliebte Gäste in unseren Gärten.

Durchmesser: 8 m

mit Anschluss an die Terrasse bzw. Hauswand

Einfassung: Buchs
1 Pfingstrosen, Lavendel
2 Duftkräuter: Thymian, Rosmarin, Majoran, Salbei, Pfefferminze, Weinraute, Alant, Wermut
3 Rosen

Den Zauberpflanzengarten pflegen

Im Vergleich mit vielen anderen Gartenpflanzen sind Kräuter ziemlich anspruchslos und gedeihen am besten, wenn man sie weitgehend in Ruhe lässt. Da sie als kultivierte Pflanzen jedoch im Gesamtbild des Gartens ihren Platz finden sollen, sind Eingriffe von Gärtnerhand unerlässlich. Auch Kräuter wachsen nur dann zufriedenstellend und liefern Würze und Duft, wenn sie bekommen, was sie verlangen.

> Wo kräuter gut gewachsen sind
> in einem grünen garten
> da lasse sie ein kluger mann
> nicht ohne seinen schutz
> er mag sie hüten wie ein kind
> nach ihren eigenarten
> das regt die lust des herzens an
>
> sprießt unkraut in den beeten
> so muss er kräftig jäten
> und darf sich nicht verspäten
> dass distel nicht und dorn
> sich darin listig mehren
> die arbeit sehr erschweren
> er muss es ihnen wehren
> sonst ist die müh verlorn
>
>
> Walther von der Vogelweide

Der richtige Boden

Im Allgemeinen gedeihen Kräuter in jeder humushaltigen, gut durchlässigen Gartenerde. Ungünstig sind vor allem schwere, lehm- und tonhaltige Böden, die sich aber durch Zusätze von Sand und Kompost bzw. verrottetem Stallmist verbessern lassen. Extrem durchlässige und leichte Sandböden sollten zur Strukturverbesserung ebenfalls Kompost oder Stallmist erhalten. Auch der Zusatz von Lehm kann nützlich sein. Sparsam aufgestreute und leicht eingehackte Steinmehle wirken sich positiv auf die Krümelstruktur aus. Bei einem stark verdichteten Erdreich, in dem kein Wasser abfließen kann, muss eine Drainage im Untergrund angelegt werden. Hier muss tief aufgegraben und zunächst eine dicke Schicht Schotter oder grober Kies aufgebracht werden. Steine in der Bodenoberschicht beeinträchtigen das Pflanzenwachstum kaum, können allerdings hinderlich beim Hacken und Abstechen wuchernder Exemplare werden.

Wässern

Was den Bedarf an Feuchtigkeit anbelangt, sind Kräuter eher bescheiden. Wie oft gegossen werden muss, hängt von verschiedenen Faktoren und nicht zuletzt

Die Beschaffenheit des Bodens ist entscheidend für Auswahl der Kräuter.

von der Witterung ab. So muss natürlich in sommerlichen Trockenperioden die Gießkanne häufiger zum Einsatz kommen. Aber auch die Bodenbeschaffenheit bestimmt die Gießabstände. Ist das Erdreich sehr sandig und durchlässig, so bleibt die Bodenfeuchtigkeit auch nach einem Dauerregen nicht sehr lange erhalten, und der Gärtner muss rechtzeitig für Nachschub sorgen. In einem humusreichen Gartenboden wird man sich mit dem Gießen nicht schwer tun, weil die Pflanzen immer noch eine Restfeuchte im Untergrund finden. Die frei ausgepflanzten robusten Kräuter vertragen selbst kalkreiches Leitungswasser meist schadlos. Allerdings darf es nicht eiskalt aufs Beet kommen, die Folge könnte ein Kälteschock auf den sonnenwarmen Blättern sein. Deshalb sollte man das Gießwasser in Kannen abfüllen, in denen es sich erwärmen und Lufttemperatur annehmen kann. Dort, wo die Pflanzen weiter auseinander stehen, empfiehlt es sich, den freien Boden mit einer Mulchschicht zu bedecken oder öfter zu hacken, um die feinen Kapillarröhrchen im Boden zu verschließen. Beides vermindert die Verdunstung, und man muss weniger oft gießen. Gewässert wird im Allgemeinen reichlich und durchdringend, nach einer Faustregel sollten es 10 Liter pro Qua-

Den Zauberpflanzengarten pflegen

Entsprechend den Pflanzgrößen werden Löcher ausgehoben, die Pflanzen in den Boden gedrückt und gewässert.

dratmeter sein. Man gießt möglichst am frühen Vormittag, dann bekommen die Wurzeln, was sie brauchen, ehe ein Teil des Wassers ungenutzt verdunstet.

Düngen

Hinsichtlich der Nährstoffversorgung sind Kräuter noch anspruchsloser. Bei einem guten, humusreichen Gartenboden reicht es völlig aus, wenn im Frühjahr Kompost zwischen und unter die Kräuter ausgestreut und flach in die oberste Erdschicht eingearbeitet wird. Alternativ kann man auch Blut- und Knochenmehl oder einen anderen organischen im Gartenfachhandel erhältlichen Dünger einsetzen. Generell sollte man sich bei Kräutern an den Grundsatz halten, eher zu wenig als zu viel zu geben. Eine Überdüngung schadet nicht nur den Pflanzen, sondern mindert auch Würzkraft und Aroma und erhöht zudem ihre Anfälligkeit für Krankheiten und Schädlinge.

Schützen

Kräuter werden jedoch kaum von Krankheiten befallen, da ihre besonderen Inhaltsstoffe ihnen einen natürlichen Schutz geben. Kräuterauszüge werden ja auch im Garten als vorbeugende und heilende Mittel gegen Schädlinge und Krankheiten eingesetzt. Treten doch einmal vermehrt Schädlinge oder Krankheiten auf, die sich durch Absammeln bzw. Entfernen befallener Pflanzenteile nicht beseitigen lassen, sind im Fachhandel ungiftige, nützlingsschonende Mittel erhältlich.

Kräuter vermehren

Fast alle Kräuter können ausgesät oder als Jungpflanzen im Fachhandel erworben werden. Bei mehrjährigen Pflanzen lohnt sich der Kauf einer Pflanze, da sie meist durch Teilung vermehrt werden kann. Eine warme Anzucht ab März empfiehlt sich für Basilikum, Lavendel, Majoran, Rosmarin, Salbei und Thymian. Ab April kann eine Freilandaussaat in ein Saatbeet erfolgen, das in kühlen Nächten mit Folie geschützt wird, zum Beispiel bei Dill und Petersilie. Später werden dann die kräftigeren Exemplare an den gewünschten Standort verpflanzt. Bei ausdauernden Kräutern lassen sich verschiedene Methoden der vegetativen Vermehrung anwenden:

Stecklinge:
Lavendel, Rosmarin, Salbei, Thymian
Teilung:
Origano, Schnittlauch, Zitronenmelisse
Absenker:
Majoran, Salbei, Thymian
Ableger:
Liebstöckel, Pfefferminze

Kräuter überwintern

Die meisten unserer Würz- und Heilkräuter können den Winter über auf ihrem Platz im Garten bleiben. Ausnahmen bilden Lorbeer und Rosmarin, die man nur in sehr milden Regionen in einer windgeschützten Ecke im Freien lassen darf. Besser, man holt sie vor Eintritt strengerer Fröste ins Haus und überwintert sie in einem kühlen Raum. Für viele andere mediterrane Kräuter und Kleinsträucher sollte man im Herbst Reisig bereithalten, falls der Winter strenge Fröste bringt. Fenchel, Origano, Salbei und Thymian sind nicht sicher frosthart und überstehen den Winter unter einer Schutzdecke aus Zweigen besser. Petersilie, Beifuß, Liebstöckel und Schnittlauch kommen ohne jeden Schutz aus. Wird Petersilie mit Fichtenreisig etwas abgedeckt, behält sie ihre Blätter länger, und man kann bis in den Dezember hinein frisches Würzkraut für die Küche schneiden. Frisches Grün lässt sich auch gewinnen, wenn man einige der Kräuter, die den Winter sonst im Freien verbringen, im Herbst ins Haus holt. Wieweit es gelingt, Kräuter wie beispielsweise Lavendel, Salbei und Thymian im Innenraum weiter zu ziehen und am Leben zu erhalten, hängt nicht zuletzt vom Fingerspitzengefühl bei der Pflege ab. Temperatur und Lichtverhältnisse am Standort müssen stimmen, es darf in der Ruhezeit weder zu wenig noch zu reichlich gegossen und nicht gedüngt werden.

Ernte im Zauberpflanzengarten

Den alten Regeln gemäß muss man bei der Ernte der Zauberkräuter große Sorgfalt walten lassen. Die stärksten Heil- und Zauberkräfte besitzen die Kräuter, wenn man sie kurz vor oder direkt bei Vollmond erntet. Das gilt auch für die Aussaat und Pflanzung. Die Kelten gaben ihren Pflanzen vor der Ernte sogar Namen, um ihnen die Anonymität zu nehmen. Bevor sie die Pflanze schnitten, baten sie diese um Verzeihung. Auch die „moderne" Hexe sollte möglichst die Kräuter auf diese Weise ernten und ihren Pflanzen mitteilen, dass sie jetzt ihre Hilfe für einen bestimmten Zweck benötigt. Sie zeigt ihren Stolz auf die schöne Pflanze und bedankt sich für die Hilfeleistung der Pflanzengeister. Es ist erstaunlich, was Pflanzen alles zu bewirken im Stande sind. Wie vielseitig man sie anwenden, nutzen und zubereiten kann, ist beeindruckend. Und es ist faszinierend, welch umfangreiches Wissen hierüber die Hexen schon vor Jahrhunderten hatten.

Erntezeitpunkt

Im Sommer, wenn die Sonne hoch und heiß am Himmel steht, erreichen die meisten Gewürz- und Heilkräuter, kurz vor der Blüte, den Höhepunkt ihrer Reife und haben den höchsten Gehalt an ätherischen Ölen und anderen wertvollen Inhaltsstoffen. Wer jetzt erntet, kann den größten Reichtum an Düften, aromatischer Würze und Heilkraft für sich gewinnen.

Die meisten *einjährigen* Kräuter kann man zweimal während der Wachstumsperiode ernten. Nach der Ernte schneidet man sie auf 10–15 cm zurück, vor dem ersten Frost werden sie zum letzten Mal, gestutzt, da sie dann ihr Wachstum bereits eingestellt haben.

Mehrjährige Kräuter können schon im ersten Jahr geerntet werden, später ist eine Steigerung auf 2–3 Ernten möglich. Keinesfalls dürfen verholzte Zweige abgeschnitten werden, da sonst die Pflanze möglicherweise nicht mehr nachwächst. Auch mehrjährige Pflanzen sollten zum letzten Mal vor dem ersten Frost eingekürzt werden.

Bei harten Stängeln nimmt man ein scharfes Messer oder eine Schere.

Zum Sammeln der Kräuter eignet sich luftiges Weidenkörbchen.

Blätter und Triebe sollten möglichst mit der Hand gepflückt werden. Nur bei sehr harten Stängeln nimmt man ein scharfes Messer oder eine Schere zur Hand. Der günstigste Zeitpunkt ist der späte Vormittag an einem sonnigen Tag, wenn der Tau auf den Pflanzen gerade abgetrocknet ist. Die sommerliche Hitze darf die Blätter noch nicht ermattet haben, sie sollen frisch und voller Saft sein. Man erntet nur gesunde Blätter und Triebe. Zum Sammeln eignet sich ein luftiges Weidekörbchen, in dem die Pflanzen locker aufeinander gelegt werden.

Kräuter für den Sofortverbrauch in der Küche können während der ganzen Wachstumsperiode über geschnitten werden, solange Blätter und Triebe noch grün und aromatisch sind. Anders als bei den zum Konservieren bestimmten Kräutern kommt es hier nicht vorrangig auf den Zeitpunkt des höchsten Wirkstoffgehalts, sondern vor allem auf die Frische an. Auf keinen Fall sollte man die Pflanzen ausplündern, denn sonst besteht die Gefahr, dass mehr gepflückt oder geschnitten wird, als die Gewächse verkraften können.

Ernte im Zauberpflanzengarten

Die geernteten Kräuter werden zu einem Sträußchen zusammengebunden...

Zauberkräuter trocknen

Die einfachste und schonendste Methode, Kräuter zu konservieren, ist die Lufttrocknung. Ein trockener Schuppen, ein luftiger Speicher oder ein Gartenhäuschen lassen sich gut zum Trocknen nutzen. Da Luftzirkulation noch wichtiger als Wärme ist, muss man in geschlossenen Räumen die Fenster öffnen. Pralle Sonne ist in jedem Fall zu vermeiden, weil sich dann die ätherischen Öle mitsamt den Aromastoffen rasch verflüchtigen. Die zum Konservieren bestimmten Pflanzenteile sollten vor dem Trocknen nicht gewaschen, sondern nur vorsichtig ausgeschüttelt werden, um Kleintiere und lose Blättchen zu entfernen. Wenn es sich nicht um bereits abgezupfte Einzelblätter, Triebspitzen oder Blüten handelt, kann man die Kräuterstängel mit einem Faden zusammenbinden und kopfunter zum Trocknen aufhängen. Es ist darauf zu achten, dass sich die Pflanzen nicht gegenseitig berühren. Ein darunter ausgebreitetes weißes Tuch nimmt die während des Trockenvorgangs abfallenden Blättchen auf. Auf einem Holzrahmen, der mit einem luftigen Gewebe bespannt ist, lassen sich Kräuter zum Trocknen auslegen. Samenkörner mit meist harten Schalen sind wesentlich weniger empfindlich als zarte Blätter und Blüten und können deshalb an der Sonne getrocknet werden. Da die Reife für die Entfaltung des Aromas entscheidend ist, bereitet es

Ein eigener Zauberpflanzengarten

manchmal Schwierigkeiten, den richtigen Erntetermin herauszufinden. Als sicheres Anzeichen gilt, wenn die Körner aus den Samenständen herausfallen. Allerdings gehen sie damit gleichzeitig auch für die Trocknung verloren, da man sie nicht mehr finden kann. Erfahrene Kräutergärtner empfehlen deshalb, die Samen frühmorgens zu ernten, wenn sie noch ein wenig feucht sind und sich nicht so leicht lösen.

Kräuter aufbewahren

Werden Kräuter nicht richtig gelagert, verlieren sie rasch an Aroma und Farbe. Man füllt deshalb die Blätter und Wurzeln locker in ein dunkles Glas, das sich luftdicht verschließen lässt. Dann wird das Glas mit dem Namen der Kräuter und dem Erntedatum beschriftet und in einen dunklen Schrank gestellt, denn nichts schadet der Qualität von Kräutern mehr als Licht. Nach einigen Tagen sollte man nochmals nach den Kräutern sehen. Wenn sich im Glas Feuchtigkeit abgesetzt hat, waren die Kräuter noch nicht fertig getrocknet. Man breitet sie dann noch einige Tage zum Trocknen aus. Der Vorrat sollte im Winter aufgebraucht werden, da sich getrocknete Kräuter höchsten ein Jahr lang halten.

...und kopfunter zum Trocknen an einem warmen Platz aufgehängt.

Zauberpflanzen in Kübeln

Pflanzen und pflegen

Wer keinen Garten hat, muss nicht auf frische Kräuter aus eigener Ernte verzichten, sondern kann sich auf dem Balkon oder der Terrasse ein kleines, mobiles Zauberpflanzengärtchen anlegen. Auch Innenhöfe, im Schutz von Hauswänden, bieten dafür oft ideale Standorte. Eine kleine Gewürz- und Heilkräutersammlung lässt sich in Gefäßen aller Größen und Formen aufstellen und dekorativ arrangieren. Besonders geeignet sind Pflanzgefäße aus Ton und Stein. Grundsätzlich lassen sich alle ein- und mehrjährigen Kräuter in Kübeln, Töpfen, Trögen und Kästen kultivieren. In größeren Gefäßen gedeihen sogar ausdauernde Kräuter wie Melisse, Lavendel, Salbei, Liebstöckel, Pfefferminze, Wermut und Origano. Mit Rosmarin und Lorbeerbäumchen erhält der mobile Kräutergarten mediterranes Flair, beide müssen allerdings im Winter ins Haus geholt werden.

Auch bei Kräutern in Kübeln muss auf einen sonnigen Standort geachtet werden. Außerdem ist stets zu bedenken, dass sich Pflanzen in Gefäßen nur begrenzt mit Wasser und Nährstoff versorgen lassen. Deshalb ist das richtige Substrat für das Wohlbefinden der Pflanzen ganz entscheidend. Eine durchlässige Erde und eine gute Dränage (Tonscherben oder eine Sandschicht auf den Abzugslöchern) verhindern „nasse Füße". Nach dem Ein-wachsen sollten die Kräuter alle 4 Wochen mit organischem, flüssigem Dünger bzw. mit Kräuter- oder Kompostauszügen versorgt werden. Im Frühjahr müssen die Pflanzen, falls nötig, in größere Gefäße umgetopft werden. Handelt es sich um mehrjährige Kräuter, schneidet man die Spitzen ab, um neues Wachstum zu fördern. In das Pflanzgefäß gibt man eine

Ein eigener Zauberpflanzengarten

Dränageschicht aus Kieseln, damit das Gießwasser besser abfließen kann. Im Sommer muss so reichlich gegossen werden, dass die Töpfe nicht vollständig austrocknen. Die Blüten schneidet man ab, einmal pro Woche wird die Pflanze mit Flüssigdünger versorgt. Im Herbst werden mehrjährige Kräuter gestutzt, die oberste Substratschicht wird ersetzt. Alle Kräuter in Kübeln kommen im Winter in einen Kaltraum, ist es sehr kalt, schützt man sie mit Jutesäcken.

Pflanzvorschlag für einen Balkonkasten

Hochwachsende Kräuter wie Fenchel, Rosmarin, Ringelblume und Wermut werden hinten in den Balkonkasten gepflanzt.

Mittelhohe Kräuter wie Kamille, Johanniskraut und Knoblauch wachsen in der Mitte.

Niedrige bzw. hängende Pflanzen wie Thymian, Minzearten stehen vorne.

Ein kleines Kräutergärtchen hat in Kästen, Töpfen und Kübeln Platz.

Rat und Rezepte aus alter Zeit

Honigwein
Man vermenge einen Liter Honig, sieben Liter Wasser und jeweils einen Zweig Lorbeer und Rosmarin und lasse alles eine halbe Stunde lang kochen. Dann lasse man es stehen, bis die Flüssigkeit klar ist. Man gebe diese nun in einen Topf mit Hahn, füge frische Hefe hinzu und lasse sie gehen, bis die Flüssigkeit gar ist. Dann fülle man dieselbe in Flaschen ab und lasse sie vor dem Genuss noch zwei Monate lang ruhen.

Fiebermittel
Man pflücke mit der linken Hand ein Blatt Schafgarbe und spreche dabei den Namen des Kranken aus. Anschließend esse man das Blatt. So sinkt das Fieber des Kranken.

Schutz vor Gelbsucht
Man trage 13 Tage lang eine Kette aus 13 Knoblauchzehen. Am 13. Tag gehe man um Mitternacht zu einer Kreuzung, nehme die Kette ab, werfe sie hoch und laufe nach Hause, ohne sich umzusehen.

Für erholsamen Schlaf
Trockene Rosenblätter lagere man in einem geschlossenen Glas, damit der Duft erhalten bleibe. Dann gebe man Minzepulver zu den Rosenblättern und fülle alles in einen Beutel. Um gut zu schlafen, nehme man dieses Duftkissen mit ins Bett.

Fenchelsoße
Man pflücke etwas Fenchel, Minze und Petersilie. wasche alles und koche es weich. Man gieße es ab, zerdrücke es und schneide es klein. Man gebe Butter hinzu und serviere die Soße unverzüglich.

Mittelalterliches Heilmittel
Um Wahnsinn zu heilen, besprenkle man den Saft der Raute mit neun Tropfen vom um Mitternacht gesammelten Tau.

Lavendel-Schlafhaube
Lavendelblüten in eine Haube eingenäht sind für all jene Leiden des Kopfes gut, die durch Kälte verursacht wurden, und zudem sind sie sehr wohltuend für das Gehirn.

Liebesbecher
Man bedecke frische Basilikumblätter in einer Flasche mit Sherry und weiche sie 10 Tage lang ein. Dann seihe man ab und gebe weitere Blätter hinzu und lasse alles abermals 10 Tage lang einweichen. Dann abgießen und abfüllen.

Salbeisalbe
Bei Juckreiz nehme man ein Pfund ungesalzener Butter, 3 gute Handvoll Salbei und soviel Schwefelpulver wie eine Walnuss, koche alles zusammen und seihe dies ab. Dann gebe man noch eine Unze zerstoßenen Ingwer hinzu.

Ein eigener Zauberpflanzengarten

Liebessalbe

Man mische am Tag des heiligen Lukas (18. Oktober) etwas Ringelblume, Thymian, Wermut, Honig und weißen Essig, lege sich ins Bett und verteile die Salbe auf Brust, Hüften und Magen und sage dazu: Sankt Lukas, Sankt Lukas, will ich dich anflehen, lass mich, wenn ich träume, meinen Liebsten sehen.

Magische

nente
...im Garten

Ein Gärtnerherz kann nichts mehr verzaubern als ein gewachsener Garten im Wechsel der Jahreszeiten. Und auch während eines Tages ergeben sich ganz besondere Momente, die den Betrachter in Bann ziehen und ihn verweilen lassen.

Gartentag

Von unsern Zitterpappeln fliegt noch immer
Der Samenflaum, das Gras ist wie verschneit.
Ein Rittersporn versendet seinen Schimmer
Als käme eine Frau in blauem Kleid.

Am Brunnenrand begegnen sich die Schatten,
Das erste Dunkel nistet im Geheg.
Noch fehlt uns viel: komm, fügen wir die Platten
Von hellem Schiefer in den neuen Weg –

Der bei den Fliederbüschen dort im Boden
Zum Gitter führt! Bald werden wir ihn gehen
Und über flimmernden Getreidewogen
Das ferne Kuppelgrün der Stromstadt sehn.

O langer Gartentag! Duftender Abend,
Halbfertiges Beet, noch ohne Form und Flor –
Wie wohl wird uns! Die schwere Erde grabend
Bereiten wir den Traum der Jahre vor.

Hans Carossa

Die Blume der Ergebung

Ich bin die Blum im Garten,
Und muss in Stille warten,
Wann und in welcher Weise
Du trittst in meine Kreise.

Kommst du, ein Strahl der Sonne
So wird ich deiner Wonne
Den Busen still entfalten,
Und deinen Blick behalten.

Kommst du als Tau und Regen,
So wird ich deinen Segen
In Liebesschalen fassen
Ihn nicht versiegen lassen.

Und fährest du gelinde
Hin über mich im Winde,
So wird ich dir mich neigen,
Sprechend: Ich bin dein eigen.

Friedrich Rückert

Der alte Garten

Kaiserkron und Päonien rot,
Die müssen verzaubert sein,
Denn Vater und Mutter sind lange tot,
Was blühn sie hier so allein?

Der Springbrunn plaudert noch immerfort
Von der alten, schönen Zeit,
Eine Frau sitzt eingeschlafen dort,
Ihre Locken bedecken ihr Kleid.

Sie hat eine Laute in der Hand,
Als ob sie im Schlafe spricht,
Mir ist, als hätt ich sie sonst gekannt –
Still, geh vorbei und weck sie nicht!

Und wenn es dunkelt das Tal entlang,
Streift sie die Saiten sacht,
Da gibt's einen wunderbaren Klang
Durch den Garten die ganze Nacht.

Joseph Freiherr von Eichendorff

Dunkler Garten

In deinem traumdunklen Märchengarten
Unter Bäumen, die uralte Greise sind,
Seh' ich noch immer mit seinen zarten
Wänglein und blonden Locken dein Kind.

War nur ein Sonnenstrahl in dem Dunkel,
Legt sich dem Kind ums Haupt wie ein Kranz.
Nimmer vergess' ich das goldne Gefunkel,
Nie seiner Schläfen angelischen Glanz.

Ach! und es schaut in den Strahl und mit Schmeicheln
Sagt es und lacht und lacht in das Licht:
„Mutter, ich möchte die Wölkchen streicheln!"
Sagt die Mutter: „Das kannst du nicht!" –

Deinem Kind ist sein Wunsch geworden,
Flog zu den hellen Wolken empor;
Und dein Garten ist dunkel geworden,
Dunkel, dunkel, wie nie zuvor …

Hugo Salus

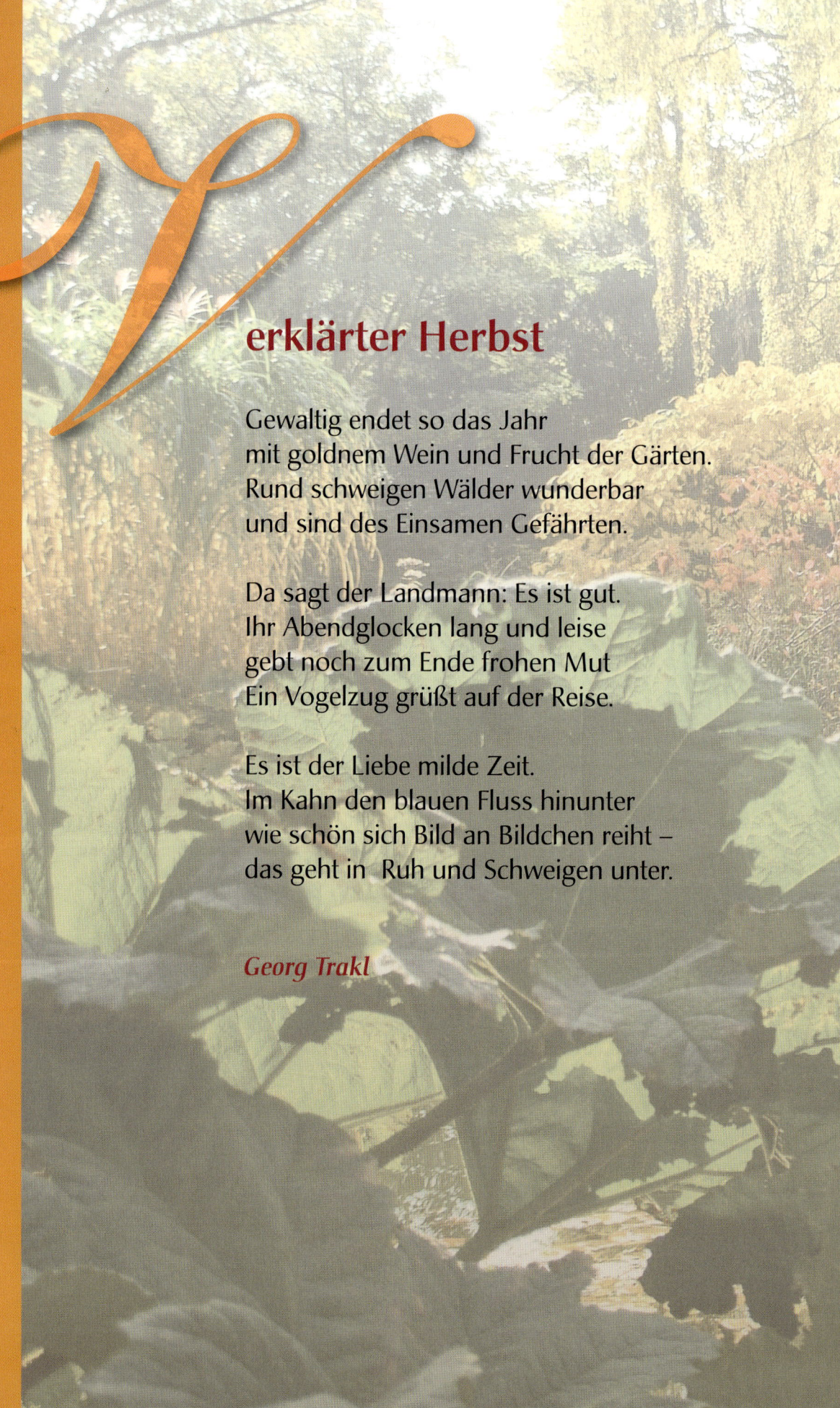

Verklärter Herbst

Gewaltig endet so das Jahr
mit goldnem Wein und Frucht der Gärten.
Rund schweigen Wälder wunderbar
und sind des Einsamen Gefährten.

Da sagt der Landmann: Es ist gut.
Ihr Abendglocken lang und leise
gebt noch zum Ende frohen Mut
Ein Vogelzug grüßt auf der Reise.

Es ist der Liebe milde Zeit.
Im Kahn den blauen Fluss hinunter
wie schön sich Bild an Bildchen reiht –
das geht in Ruh und Schweigen unter.

Georg Trakl

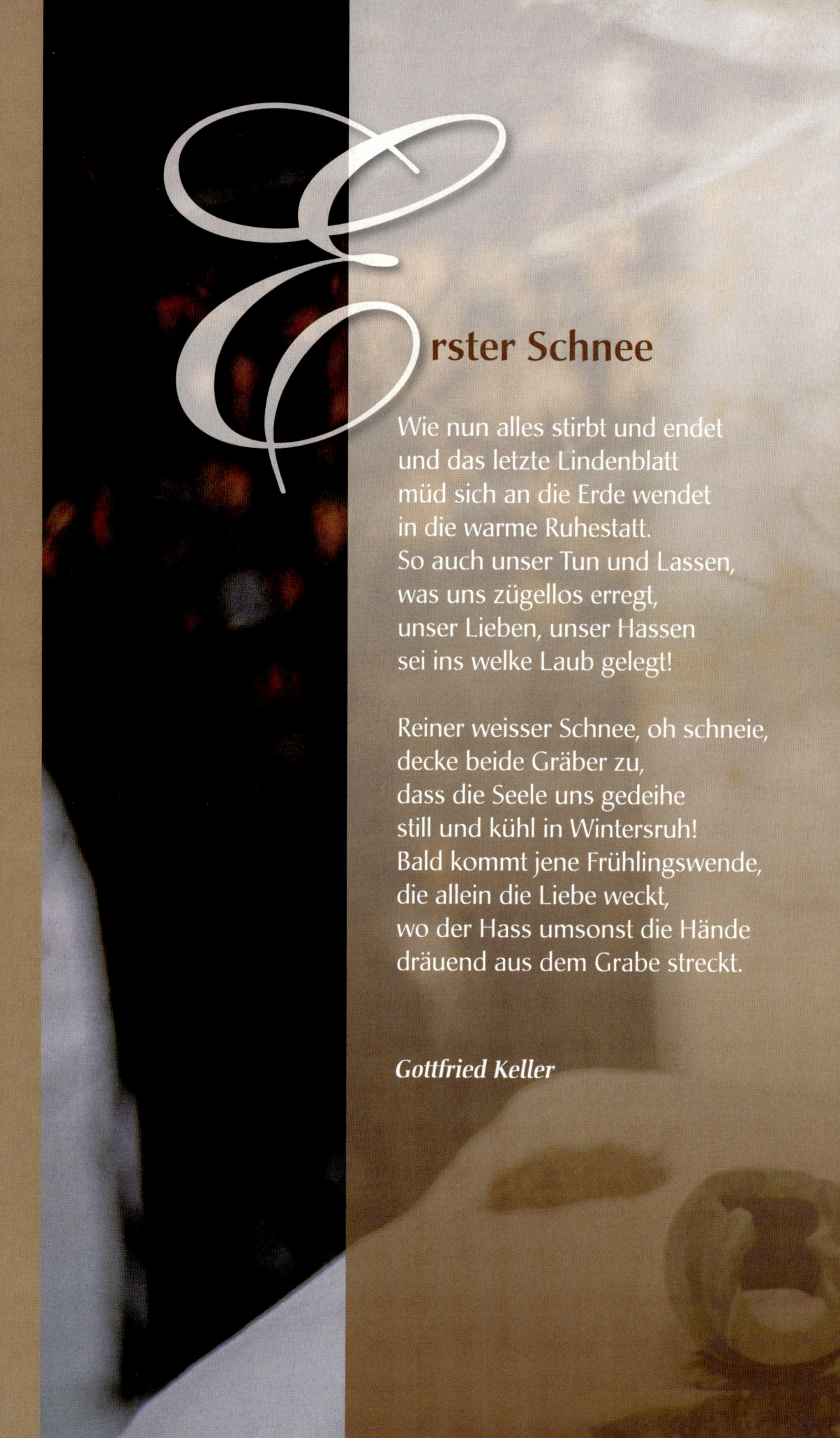

Erster Schnee

Wie nun alles stirbt und endet
und das letzte Lindenblatt
müd sich an die Erde wendet
in die warme Ruhestatt.
So auch unser Tun und Lassen,
was uns zügellos erregt,
unser Lieben, unser Hassen
sei ins welke Laub gelegt!

Reiner weisser Schnee, oh schneie,
decke beide Gräber zu,
dass die Seele uns gedeihe
still und kühl in Wintersruh!
Bald kommt jene Frühlingswende,
die allein die Liebe weckt,
wo der Hass umsonst die Hände
dräuend aus dem Grabe streckt.

Gottfried Keller

Pflanzen- und Sachregister

A
Ableger 103
Abraham a Santa Clara 10
Absenker 103
Absinth 28
Achillea millefolium 18
Achilleskraut 18
Alant 48
Alchemilla 20
Allium sativum 24
Allium schoenoprasum 20
Alraune 13
Amulett 12
Anethum graveolens 26
Apicius 9
Artemisia absinthium 28
Artemisia vulgaris 30
Avicenna 9

B
Badekamille 38
Baldrian 76
Bänke 96
Basilikum 58
Beifuß 30, 92
Berufkraut 12
Beschreikräuter 12
Besenkraut 30
Binsenlauch 22
Blutrose 62
Blutstillkraut 18
Boden 100
Brennnessel 74
Brotsamen 44

C
Calendula officinalis 32
Centaurium erythraea 34
Chamaemelum nobile 38
Chelidonium majus 36
Christrose 12
Cichorium intybus 40

D
De materia medica 8
Dill 26
Dost 60
Dryopteris filix-mas 42
Duftgarten 99
Duftveilchen 82

E
Edler Lorbeer 50
Einfassungen 94
einjährige Pflanzen 104
Eisenkraut 80

F
Fahrendes Volk 9, 10
Feldthymian 72
Fenchel 44
Fenchelsoße 110
Fenikel 44
Feuerkraut 74
Fieberkraut 34
Fiebermittel 110
Flohkraut 48
Foeniculum vulgare 44
Formen im Hexengarten 91
Frauenmantel 20
Frauenwohl 56

G
Gertrudenkraut 68
Gewürzlorbeer 50
Gichtrose 62
Gichtrute 74
Gichtstock 54
gießen 101
glückbringende Pflanzen-
   kombinationen 92
Goldblume 32
Graslauch 22
Gurkenkräutel 26

H
Hartheu 46
Hecken 94
Heilbitter 28
Helenenkraut 48
Herztrost 56
Hexen 9, 10, 11
Hexenkraut 76
Hexenkräuter 13
Hexenkräuter, wilde 86
Hexenleiter 42
Himmelbrand 78
Hochzeitsblümchen 66
Honigwein 110
Hurenkraut 42
Hypericum perforatum 46

I/J
Inula helenium
Johanniskraut 46, 92
Josefskräutlein 58

K
Kamille, Gelbe 38
Kamille, Römische 38
Kapernkraut 26
Katzenkraut 76
Knabenkraut 13
Knoblauch 24
Knofel 24
Königskerze 78
Königskraut 58
Königssalbei 70
Kräuterauszüge 102
Kräuterbeete 94
Kräuterernte 15
Kräuteruhr 90
Kreuzform 96

L
Laurus nobilis 50
Lavandula angustifolium 52
Lavendel 52, 92

Lavendel-Schlafhaube 110
Levisticum officinale 54
Liebesbecher 110
Liebespflanzen 13
Liebessalbe 111
Liebstöckel 54
Lorbeer 50
Lukullus 9

M
Magenkraut 34
Maggikraut 54
Majoran 60
Marienkerze 78
Materia medica 9
Mauern 96
Meertau 66
mehrjährige Pflanzen 104
Melissa officinalis 56
Melisse 56
mittelalterliches Heilmittel 110

N
Nährstoffversorgung 102
Narrenspiegel 10
Naturalis historia 9
Nervenkraut 52

O
Ocimum basilicum 58
Origanum vulgare 60

P
Paeonia officinalis 62
Pedanius Dioskurides 8
Peterlein 64
Petersilie 64
Petroselinum crispum 64
Pfingstrose 62
Pflanzenauswahl 89
Pflanzgefäße 108
Plinius der Ältere 9

Q
Quanun-al-Tibb 9
Quendel 72

R
Rabatte 94
Räucherpflanzen 14
Ringelblume 32, 92
Rosmarin 66, 92
Rosmarinus officinalis 66
Ruta graveolens 68

S
Salbei 70, 92
Salbeisalbe 110
Salser 70
Salvia officinalis 70
Schafgarbe, Gemeine 18, 92
Schnittlauch 22
Schöllkraut 36
Schwalbenwurz 36
Schwindelkraut 52
Shen Nong 8
Signaturpflanzen 14
Sinau 20
Sonnwendkraut 30
Standort 88
Stecklinge 103
Stolzer Heinrich 46
Stufen 96
Suppenkraut 64

T
Talisman 12
Taublatt 20
Tausendgüldenkraut 34
Teilung 103
Teufelskräuter 13
Theriak-Mittel 10
Thymian 72, 92
Thymus serpyllum 72
Totenblume 32
Totenkraut 68

U
Überwinterung 103
Urtica dioica 74
Urtica urens 74

V
Valeriana officinalis 76
Vegeli 82
Veilchen 82
Venuskraut 80
Verbascum densiflorum 78
Verbena officinalis 80
Verzauberte Jungfrau 40
Viola odorata 82

W
Walafrid Strabo 86
Walther von der Vogelweide 100
Warzenkraut 36
Wege 96
Wegwarte 40
Weihkräuter 14
Weinraute 68
Wermut 28
Wilder Majoran 60
Wunderzwiebel 24
Wunschkraut 80
Wurmfarn 42
Würzkräuter 98

Z
Zichorie 40

Impressum

ISBN 978-3-8094-8000-6

© 2010 by Bassermann Verlag, einem Unternehmen der Verlagsgruppe Random House GmbH, 81673 München

Die Verwertung der Texte und Bilder, auch auszugsweise, ist ohne Zustimmung des Verlags urheberrechtswidrig und strafbar. Dies gilt auch für Vervielfältigungen, Übersetzungen, Mikroverfilmung und für die Verarbeitung mit elektronischen Systemen.

Umschlaggestaltung, Layout und Satz:
GRAFIK + DESIGN Heide Wülfert, München
Fotos: Wolfgang Redeleit, Archiv Random House
Zeichnungen: Archiv Random House, Elvira Mbodji
Redaktion und Bildredaktion: Verlagsbüro Kopp, München
Projektleitung: Herta Winkler
Herstellung: Sonja Storz

Die Ratschläge und Informationen in diesem Buch sind von Autorin und Verlag sorgfältig erwogen und geprüft, dennoch kann eine Garantie nicht übernommen werden. Eine Haftung der Autorin bzw. des Verlags und seiner Beauftragten für Personen-, Sach- und Vermögensschäden ist ausgeschlossen.

Druck und Bindung: Neografia, Martin

Printed in Slovakia

817 2635 4453 6271